U0964510

文化昆明

WENHUA KUNMING

西山

XISHAN

山魂水韵 文耀西山

总策划 程连元 王喜良

主　编 金幼和

本卷主编 夏 芳

云南出版集团 云南人民出版社

文化昆明

西山

WENHUA KUNMING XISHAN

“文化昆明”丛书编委会

总策划 程连元 王喜良

主　编 金幼和

副主编 马　谦 杨明俊 戴　彬

执行主编 曾　华 李安民 胡国强 周海霞

总监制 李　维

监　制 江庆波

编　委 李　劲 张红昆 韩建颖 谢劲松 王彦彦 郑朝灿 储照芳 刘　婕 李媛珏 张继帅 施晓玲 单红霞 王　军 付应芝

文化昆明·西山

本卷编委会

本卷策划 王　忠 朱　滔

本卷主编 夏　芳

本卷副主编 杨俊锋 沈　洁 李　剑

本卷执行主编 卜保怡 和水镜

本卷编委 卜保怡 杨俊锋 沈　洁 沈凤生 李　剑 王　佳 和水镜

本卷撰稿 卜保怡

本卷摄影 卜保怡 周关兴 马洪云

西山

图书在版编目（CIP）数据

文化昆明．西山 / 夏芳主编．-- 昆明：云南人民出版社，2021.6
ISBN 978-7-222-20142-2

Ⅰ．①文… Ⅱ．①夏… Ⅲ．①文化史－昆明 Ⅳ．①K927.41

中国版本图书馆 CIP 数据核字 (2021) 第 069027 号

出 品 人： 赵石定
责任编辑： 苏映华　姚实名
助理编辑： 李明珠
装帧设计： 李乐乐　熊小熊
责任校对： 张艳琼
责任印制： 窦雪松

文化昆明·西山

主编： 夏　芳
出版： 云南出版集团　云南人民出版社　**发行：** 云南人民出版社
社址： 昆明市环城西路 609 号　**邮编：** 650034
网址： www.ynpph.com.cn　**E-mail：** ynrms@sina.com

开本： 787mm×1092mm　1/16　**印张：** 17　**字数：** 260 千
版次： 2021 年 6 月第 1 版第 1 次印刷
印刷： 云南出版印刷集团有限责任公司华印分公司

书号： ISBN 978-7-222-20142-2　**定价：** 79.00 元

如需购买图书、反馈意见，请与我社联系
总编室：0871-64109126　发行部：0871-64108507
审校部：0871-64164626　印制部：0871-64191534

版权所有　侵权必究　印装差错　负责调换

云南人民出版社微信公众号

总 序

历史名城 异彩绽放

云南省省会昆明，地处中国西南边陲，有“春城”之美称，是一座有着悠久历史和奇特自然风光的诗意之城。国务院1982年公布首批24座历史文化名城，昆明就以其优势位列其中，尽展风采。翻开这套精美的“文化昆明”丛书，可以让你尽览其内涵的丰富和博大，满足你对昆明文化的追思与怀想。

转眼之间，昆明已经走过1240多年的漫漫历程。它古老而年轻，传统而时尚，在时光中积淀下丰富多元的文化底蕴，向世界展示出“历史文化名城”的奇特风姿。它三面环山，南依滇池，在历史的波涛中经历岁月变更。上天垂爱，这里天高云淡，彩云南现。花在这里四季不谢，风过这里温暖如春。

“春城”之名，名副其实。

早在2000多年前，昆明就是“南方丝绸之路”的重要陆路枢纽，连接起中国和世界的友好往来。当今盛世，它又重振开拓进取的雄风，成为中国面向南亚、东南亚开放的门户城市。它浓缩了云南省的区位优势，集中体现了云南的美丽、神奇和多姿。它是国家历史文化名城，也是中国重要的旅游、商贸城市。在昆明获得的众多荣誉中，近年新获的这几项尤其能说明它的独特优势：2016年中国十佳绿色生态旅游城市、2016年中国最具魅力宜居宜业宜游旅游城市、2017年世界春城十佳、2017年中国年度文化影响力城市……昆明正在以出色的自然生态环境和深厚的文化底蕴，向世界展示历史文化名城的特殊魅力。

历史是一幅壮丽长卷，展开这幅长卷，你将会看到昆明这座历史文化名城的前世今生，感受到它的风起云涌、波澜壮阔。它在时间中一路走来，历经岁月风霜，积淀下厚重的人文传统。“文化昆明”丛书就是为了展示昆明文化风采而作的一部大气之作。翻开它的书页，你将进入一个古老博大、丰富多彩的昆明。你会看到，在岁月帷幔后面，昆明收藏着一部部风云传奇。

早在数千年前的漫漫时光中，古滇国人就开始依傍滇池筑城。一座苴兰城，在历史的天幕上熠熠生辉，留下几多风云传奇，为昆明开启了一扇文明之门。后来又历经汉代的谷昌城、南诏的拓东城、大理国时期的鄯阐城、元代的鸭池（或中庆城）……城市的身影在历史的烟云中起伏，文明之光在时间长河中闪耀。一路走来，至明代的“龟蛇之城”，终于奠定今天昆明城的基础和风貌。那些承载着昆明历史与传奇的事物，至今还在历史舞台上演绎着不息的传说。

翻开“文化昆明”丛书的书页，历史画面如风如雾，岁月足音隐隐可闻。金马扬蹄碧鸡欲飞，五华风烟谱一代传奇。你会发现，昆明的每一段历史都和国家命运紧密相连；每一张书页中，都有生动的故事随风传扬。重九起义、护国运动，写下不朽历史篇章；蜿蜒的滇越铁路、滇缅公路，带着使命从昆明出发，谱写下时代风云传奇；滇军台儿庄抗战从昆明启程，西南联大入滇到昆明集合，历史见证着昆明对国家、民族的无私奉献……

昆明是云南的中心，也是历史风云的大舞台。穿过时光隧道，可以窥见历史波光潮起潮落，永不沉寂。真正是叹不尽数千年往事，写不尽代代英雄辈出。

有着悠久历史的昆明，不但有厚重的历史文化底蕴，还有无数美丽动人的自然风光。立体多元的气候条件和自然资源，更是昆明得天独厚的优势。

水，滋养了昆明古老的历史，也创造了昆明文化的精神——博大、包容、温润、丰厚，是一座城市发展进步的精神底蕴。滇池是全国第六大淡水湖，辽阔五百里，风光无限好，如同一面明镜，为昆明带来“波光潋滟三千顷，莽莽群山抱古城”的美景。它是昆明的母亲湖，更是昆明历史文化的重要源泉。盘龙江等河流从四面注入其中，汇聚成一个壮观的高原之“海”。它收纳昆明的历史光影于波光涛影中，见证着时间岁月的悠久绵长。它养育了古滇国的厚重，创造过古滇文化的奇观。从昆明穿城而过的盘龙江，则如同一条蜿蜒长龙，书写下昆明现实发展的壮丽长卷。

山，是昆明的屏障，昆明的筋骨，支撑起厚重的历史与文化。耸立的山峰，是昆明精神的另一种写照，象征着坚强的意志与不屈的努力进取。群山拱卫昆明，守护着中国西南这片边远辽阔的美丽疆土。立足滇池，放眼四方，“东骧神骏，西翥灵仪，北走蜿蜒，南翔缟素”。山是昆明文化精神的另一个侧面，它代表着坚毅、刚强，以千万年的沉默，矗立成一种不屈的精神。

如此多情山水，养育了昆明的花，风情万种，四季不谢。花是昆明人温婉、多情性格的体现，也是昆明这座城市热情、开放、进取精神的象征。“不要人夸好颜色，只留清气满乾坤。”无论哪个季节来到昆明都有鲜花盛开，每个角落都会给人充满温馨的享受。近年来，斗南的鲜花市场在努力进取中崛起，以花色缤纷、花市多姿而闻名世界，为昆明这座“花之都”平添异彩。

昆明的自然景观丰富多元，人文创造相得益彰。在历史长河中，昆明一直在努力奋进，奋勇拼搏，追赶着时代前进的步伐。它由民国时期的4.49平方公里，发展到今天的21473平方公里，就是最好的证明。如今的昆明下辖7区6县1市，其省会城市的规模和风姿独放异彩。每一个区、县、市，都已经形成自己独有的特色和优势，共同构成一个多元、开放、进步的新昆明。放眼之处，五华拥翠，盘龙蜿蜒，官渡涛涌，西山苍劲，主城的四个区，历史悠久，风景独异，拱卫出昆明的内核和精神气蕴。

“中国花卉第一县”的呈贡区，这里不仅有驰名天下的斗南花市，还是中国著名的蔬菜生产基地。大学城的建成，更为它增添了浓厚的文化意蕴。地处昆明东北部的“天南铜都”东川区，则以红土地的神奇壮美闻名于世，描绘了一幅壮丽的自然画卷。位于滇池之畔的晋宁区，有深沉厚重的历史底蕴。它是古滇王国的发源地，青铜文化的古老摇篮。富民县素有“滇北锁钥”之美称，默默守卫着昆明北大门。嵩明县收获了“滇中粮仓”“花灯之乡”“龙狮之乡”之美誉。寻甸回族彝族自治县，红军长征在柯渡留下了红色遗迹，向后人昭示着一种开拓进取的精神。石林县有“云南石林世界地质公园”，宜良县有“九乡风景区”，每一处都是大自然的鬼斧神工，也是闻名天下的自然奇观。禄劝彝族苗族自治县境内的“乌蒙轿子雪山省级自然风景保护区”，苍峰雪顶，珍奇遍地，也是一处神奇险峻的自然杰作。距昆明 32 公里的安宁市，历史悠久，有“螳川宝地，连然金方”之美誉。2017 年 11 月，安宁市又力挫群雄，荣获“全国文明城市”荣誉称号。

今日的昆明开拓进取，成果卓著。触目处有花香遍地，鸥鸟欢鸣；举头望长空雁叫，银鸟翱翔。还有一条条高铁线路，如风如电，连接起八方美景。一个立足西南、放眼世界的新昆明，正在时代征程中尽展风姿。

自然风光旖旎多姿，人文精神源远流长，二者互相映衬，在长长的时间轨迹中塑造了昆明文化的基本精神：丰富多元，立体多姿；开拓进取，敢为人先。它为昆明在新时代的发展进步，奠定一片厚重背景。

文化是一块土地千百年历史精华的凝聚，是无数人心血和汗水的创造。文化也是当代人的精神家园，是一座城市的根脉所在。作为一个地处边疆、多民族共居的城市，作为一个承载着丰富时代内涵的省会城市，昆明的魅力不言而喻，它是中国西南大地上一块闪烁着五彩奇光的瑰宝。

优秀的传统文化，是经过时间之网过滤之后的岁月精华，是一代代人心血和精神的凝聚，也是一个时代创新发展的源泉和根基，一块土地的根脉之所在。有了文化的滋养，一座城市才能在前进征程中焕发新光彩，激发前进的动力。优秀的传统文化，也是不可再生的精神资源，需要我们怀着敬畏之心去学习和传承。

人们怀念老昆明，就是对优秀传统文化的追思与怀想。它们是那些从时间之页上流走的古老日子，既有风云变幻构成的宏大篇章，也有日常生活的平凡与诗意。诸如传说中“昆明八景”的瑰丽，滇池浪尖的鱼跃，盘龙江畔花灯的悠远，还有西山龙门的险峻，南屏街梧桐的婆娑，正义路灯火的璀璨……

翻开“文化昆明”丛书，它可以满足你对传统和现实的审美需求，可以展现给你昆明多姿的侧面和丰富的内涵。组织编写这套丛书，是本着一种对历史负责的态度，对子孙后代负责的精神，对昆明文化内涵的一次集中梳理与总结。同时，这也是在历史长河中捡拾珍珠的过程，把它们连接成一串闪光的珠串。

用历史的眼光、文化的视觉、文学艺术的手法、文化大散文的表现方式，来展现昆明的文化，让昆明的历史和特色生动形象地彰显于世，这是组织者的良苦用心。多姿多彩的文本，行云流水的文字，是昆明众多文人才子精神智慧和文学才华的倾情奉献。

一套“文化昆明”丛书，将昆明历史文化的精华囊括其中。每一页都有岁月之光在闪耀，每一册都有珍珠珍藏其中。翻开它，你可以从滇池涛声中谛听古老岁月的悠悠回声；进入它，你可以展望新昆明的辽阔远景。古老悠久的文化传统，如同川流不息的盘龙江，滋润着昆明这块古老、开放的土地，引领它创造更加美好的未来。

山魂水韵 人文集萃

——西山区历史文化概述

西山区是昆明市五个主城区之一，其地理范围东接五华区、官渡区，南邻晋宁区，西与安宁市接壤，北与富民县相连，东西宽38公里，南北长53公里，总面积881.32平方公里。行政区域辖马街、金碧、永昌、前卫、福海、棕树营、西苑、碧鸡、海口、团结10个街道，共98个社区。常住人口约76.9万人，居住着彝族、白族、苗族、回族、纳西族、壮族、哈尼族、满族等25个少数民族。

从地形地貌看，西山区属于云贵高原滇中皱褶区。总体南北走向的玉案山和碧鸡山系将西山区分为两个部分，东面是浩瀚的滇池和坝区，西面是起伏的山区。整体地形复杂，西北高东南低，山地多平坝区少，最高海拔2622米，最低海拔1731米。

西山区属北亚热带半湿润季风气候，冬无严寒，夏无酷暑。年平均气温在12～15℃，年均降雨量在900～1200毫米。区内林木资源丰富，林地面积102.3万亩，占地总面积的64.7%。充沛的降水和森林的涵养形成了螳螂川、棋台河、明朗河、岔河、海源河及众多龙潭清泉，坝区则有大观河、鱼翅河等。

这是一个神奇美丽的地方。自然的力量，造就了浩瀚的滇池和壮丽的西山，组成美不胜收的湖山胜景。

这里湖光山色交映，山魂水韵，绮丽如画；这里气候温润，田畴丰穰，物产丰富；天空云蒸霞蔚，大地繁花似锦，犹如梦幻仙境。历来被称为滇中第一胜景，素有“半城山水半城湖、半城春色半城梦”的美誉。

绝佳的自然环境，为西山人民提供了生息繁衍之地，从而孕育和滋养了绚烂多彩的西山文化。

西山区是昆明历史文化名城的重要组成部分，有着悠久的历史、深厚的文化传统，并有着鲜明的地域风格、民族文化和时代特征。

海口白塔山、白塔村和西山脚下王家墩发现的新石器遗址证实：4000多年前，西山地区就有人类活动的踪迹。他们磨石为器，筑棚而居，使用陶器，播种旱谷，纺织养畜，围猎捕鱼……从而揭开了西山文化的序幕。

2000多年前的古滇国时期，滇池地区不仅创造了灿烂的青铜文化，而且由于金马碧鸡传说的出现，碧鸡山自汉代便载入史册，闻名遐迩，开碧鸡文化之先河。

自西汉开始至唐代中叶，西山地区随着朝代的更迭和行政建制的变化，先后隶属谷昌县、益宁县等。唐永泰元年（765年）建立的拓东城，其城址就在今西山区金碧街道辖区内，从而翻开了昆明和西山城市文化的第一页。

元代设立昆明县以后，至民国时期的800年间，西山地区一直是昆明县的组成部分。此期间，由于滇池水位的下降，包括今西山区的永昌、前卫、棕树营、西苑、碧鸡、海口等地的大片沃土陆续露出水面。在明清时期大力推进军屯、民屯的背景下，滇池周边的湖积平原得到开垦，人口增加，村落密集，精耕细作、源远流长、丰富多彩的传统农耕文化得到长足发展。与之形影相随的，还有儒家文化、宗教文化和民族民间文化等。

其间，在今西山区地域内，元代赛典赤主持海口河疏浚，谱写了滇池水利文化的第一章；高僧玄鉴、玄峰创建太华寺、华亭寺，开西山佛教禅宗传播宗风；有明一代，谪滇状元、一代文宗杨升庵长期驻留高峣，使得高峣文化濡染全省；清代布衣寒士孙髯翁作大观楼长联，震惊四海；倪蜕寓居马街，编著云南编年史《滇云历年传》等，都是昆明文化史上具有里程碑意义的重大文化事件。

当历史的步伐走入近代，1912年，螳螂川的激流，碰撞出我国第一座水力发电站，从而拉开了滇池地区近代民族工业文化的大幕。在城市建设中，受西风东渐的影响，城市生活和城市建设也出现了新面貌，留下了时代记忆。

1935年，伟大的人民音乐家、《义勇军进行曲》的曲作者、共产党员聂耳魂归故里，安葬于西山，为西山文化增添了光彩。抗战全面爆发后，由于独特的地理位置，西山地区不仅是有着抗战“生命线”“输血管”之誉的滇缅公路的起始段和咽喉要地，而且工矿云集，形成了马街、海口两个大工业区，挺起了军工和民用工业的脊梁，创造了非凡的业绩。一批科研院所和西南联大教授聚集于西山附近，为抗日战争的胜利做出了独特的贡献，构成了不同凡响的西山抗战文化。

西山区特殊的地理位置，依山傍水的秀丽景色，多民族文化的相互交融，使得这块热土上优秀的民间传统文化源远流长，异彩纷呈。民间文学、民间音乐、传统舞蹈、传统戏剧、传统美术、传统技艺、节庆活动等活态文化丰富多彩，独具特色。这些世代相传，体现着西山各族人民生活情趣和审美意识，凝聚着西山各族人民智慧和精神的非物质文化遗产，是西山文化中最具乡土气息、最具地域特色的宝贵财富。

总体来看，西山文化因其独特的自然禀赋、历史积淀和人文基础，覆盖了从史前至当代漫长的历史时期，文化内涵丰富，其优秀部分代表了不同时期的文明成果。因此，西山区文化遗产众多，凝聚着文化精粹的文物保护单位数量多、级别高。至 2019 年 12 月，区内有各级文物保护单位 55 项，其中全国重点文物保护单位 6 项、省级文物保护单位 7 项、市级文物保护单位 14 项、区级文物保护单位 28 项，其他一般不可移动文物 169 项，计 224 项。同时，我区共有非物质文化遗产项目名录 39 项，非遗项目代表性传承人 43 人。其中国家级文化遗产名录 1 项、省级 6 项、市级 16 项、区级 16 项；国家级非遗项目代表性传承人 1 人、省级 6 人、市级 4 人、区级 32 人。

如今，在习近平新时代中国特色社会主义思想指引下，西山区人民与全国人民一道，为实现社会主义现代化和中华民族伟大复兴而努力奋斗。在这一伟大的征程中，西山区确立了“全面建成具有较高知名度的区域性国际中心城市活力核心区”的奋斗目标，将西山区建成“现代产业发展、文化旅游休闲、山魂水韵绿色、健康宜居幸福”的典范城市。

为此，西山区延续山水交融的理念，使自然风貌、历史遗存和人文景观融为一体、交相辉映，山魂水韵的自然风光和珍贵的历史文化遗产，成为步入新时代的西山区的宝贵财富和“金色名片”，在传承和弘扬中华优秀传统文化，培育和践行社会主义核心价值观，满足人民群众精神文化需求，提升国民素质，增强民族凝聚力，展示文明形象，促进经济社会发展方面，发挥着无可替代的重要作用。

山魂水韵，文耀西山，西山区的明天更加美好。

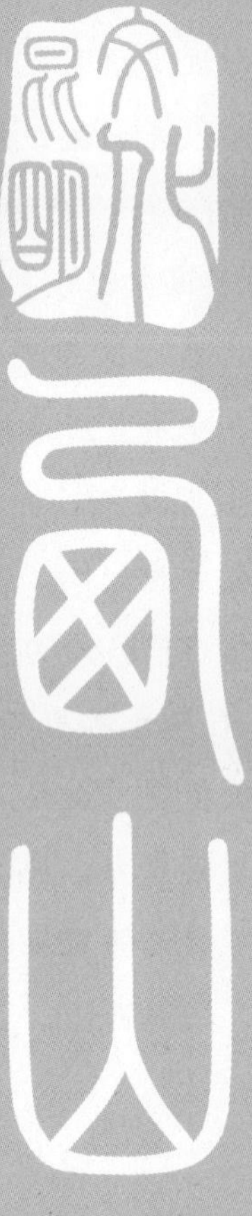

目录 Contents

文化昆明

XISHAN

西山

第一章 山魂水韵

浩瀚滇池和雄伟西山的组合,构成了绮丽无比的滇中第一胜景。岭如屏，海如镜，四时风月，朝暮晴阴，万千气象，

这里山光水色，美景如画；这里冬暖夏凉，四季如春；这里土地肥沃，物产丰饶；这里的人民勤劳智慧，敦厚朴实；这里的文化绚丽多彩。

汉代，由于金马碧鸡传说的出现，碧鸡山自汉代便载入史册，闻名遐迩，开碧鸡文化之先河。宋代大理国鄯阐侯高智升在华亭山建别墅，元代梁王建避暑台；高僧玄鉴、玄峰创建太华寺、华亭寺，开西山佛教禅宗传播宗风；有明一代，谪滇状元、一代文宗杨升庵长期驻留高峣，使得高峣文化濡染全省……这些，都是昆明和西山文化史上具有里程碑意义的重大文化事件。

滇　池
——西山文化的母亲

在漫长的历史进程和演变中，滇池，仿佛就像一位伟大的母亲，通过密布于周边的河流水系、池塘井泉构成的血脉，滋养着万物，养育着昆明及西山人民。不仅为昆明及西山人民提供了良田沃土和生存空间，也为昆明及西山文化搭建了美丽而广袤的舞台，从而孕育了灿烂的西山文化。

高原明珠滇池

滇池是我国内陆湖泊中第六位大湖，西南地区的第一大湖，是云贵高原上一颗闪亮的明珠。目前湖水面积约 310 平方公里，湖岸线约长 150 公里。西山区位于滇池的北部和东部，湖岸线长达 68 公里，占滇池湖岸线总长度的 45%。草海湿地 12 平方公里中有 10 平方公里在西山区范围内。

滇池滋润万物，养育了世世代代的西山人民，孕育了西山文化。

滇池地名最早见于文献者，系司马迁的《史记·西南夷列传》："至滇池，地方三百里，旁平地，肥饶数千里。"说明汉代或汉代以前，滇池的名称已经出现。

据地质学家研究，滇池是一个 340 万年前形成的错断陷落构造湖。

5 亿 6 千多万年前，这里还是浩瀚无际的汪洋大海，然而，就在这片蔚蓝色的海洋中，悄然诞生了地球上最早的生命。如今区内海口耳柴村山坡上发现的"海口鱼"古生物化石，被科学家

滇池

们认定为最原始的脊椎动物，是所有脊椎动物包括人类的远古始祖。

两亿年前，由于地壳运动，地层隆起，沧海消退，形成陆地高原。1200 万年前地壳又一次强烈活动，山崩地裂，一个长数十公里、南北走向的大断层轰然形成。340 万年前，河流雨水聚集，断层陷落部分形成了深广辽阔的高原湖泊——古滇池。

古滇池群山环抱，水源充沛，溢水从南面刺桐关流出，汇入珠江水系。经过数以百万年的切割冲击，溢水又冲破西南的山口，一反所有滇池来水由北向南和整体北高南低的地势，毅然掉头，向北流入金沙江，形成“奇河倒流”的景观。

而断层西面，在风雨雕琢塑造中，形成了南北走向绵延百公里的西山山系。西山山系由玉案山、进耳山、高峣山、华亭山、太华山、美人峰、罗汉山、挂榜山、大青山、大鼓浪山、小鼓浪山等山峰组成，有着优美的天际线，在空阔的滇池旁格

外清晰。

西山群峰如同一条纽带，将西面广袤的山区和东面的滇池以及平坦的坝区联结为一个整体。西山群峰正处于西山区辖区的中心部位。

西山区坝区的形成，与滇池水位的下降有着因果关系。

依据 3 万年前旧石器文化遗址呈贡龙潭山海拔 1945 米分析，那时，滇池水位还在海拔 1942 米左右，湖面北起松花坝，南迄晋宁宝丰，东至呈贡王家营一线，西至观音山，滇池的出水口还在石龙坝附近。其湖面面积约 1000 平方公里，相当于现在滇池面积的数倍。今天的昆明城，包括五华山（海拔 1940 米）、圆通山（海拔 1930 米）全在水面以下。

3 万年以来漫长岁月中，由于地形的变化，湖水外泄时切穿海口边沿山沟，使得湖面水位逐渐自然下降，湖岸边的台地湖积平原的逐步形成，造就了云南省内最大的滇池盆地。云南人叫作“昆明坝子”。

正是这个坝子，成为人类宜居之地。而滇池水位的不断下落，为昆明及西山人民提供了大量赖以生存的丰饶土地。

唐代初叶，滇池水位降到了 1890 米。滇池北岸湖积平原大片土地逐渐浮出水面，水位退缩至今弥勒寺、螺丝湾、车家壁一带，五华山、圆通山、祖遍山和商山都成为陆地上的山峦。在滇池水退却的过程中，盘龙江的径流在今双龙桥附近流入滇池。由此，滇池北岸的土地面积，远远超过了东南岸，使滇池北岸成为滇池盆地中陆地面积最为广阔的地区。肥沃的土地给农耕的发展奠定了基础。人口的不断增多，村落的大量出现，使滇池地区的政治军事、经济文化中心北移，从而取代了晋城的地位。为滇池北岸城市的出现奠定了物质基础。

唐代中叶，蒙氏势力在洱海地区崛起，在唐朝大力支持下，南诏于唐开元二十六年（738 年）统一了“六诏”，建立

浩瀚的滇池

了“南诏国”。唐广德元年（763 年），南诏王阁逻凤来到滇池北岸的昆川，那里地势险要，山河可以做屏藩，川陆又能养人民。唐永泰元年（765 年），便命长子凤伽异“于昆川置拓东城”。“拓东”，寓“开拓东境”之意。拓东城的建立，翻开了古代昆明城市建设与发展的第一页。

拓东古城的城墙系用土夯筑而成，从保留至今的拓东城护城河——玉带河和主要的宗教建筑东西寺塔以及后来的考古发掘判断，拓东古城就在盘龙江西面，今西山区金碧街道范围之内。拓东古城是昆明城市建设的起点，也就是说，研究和讲述昆明城的发展史，应当从西山区开始。

南诏大理国及元代初期的昆明城，包括拓东、鄯阐和中庆城 “城际滇池，三面皆水，既险且坚”。“城枕群山廓面湖，山川风景堪画图”。

元宪宗四年（1254 年），鄯阐设昆明千户所，昆明地名出现。元代至元十一年（1274 年）以赛典赤·鄯思丁为云南行中书省平章政事，面对“昆明池塞，水及城市、大田废弃，正途壅底”的情况，决心对滇池进行系统的治理。治理的重点之一就是疏浚滇池的出水口——海口河。

由于元代海口河的疏浚，降低了滇池的水位。滇池水位由

唐宋时期的临近 1890 米，下降为 1888.5 米，水域面积由 510.1 平方公里，缩减为 410 平方公里。“得壤地万余顷，皆为良田”。也就是这一次对海口河的疏挖，使得今西山区的永昌、前卫、棕树营、西苑、碧鸡、海口等地的大片土地露出水面。西山脚下逐步形成山邑村、观音山村、富善村、海口等村落。

明代曾数次大规模地整治海口河。明弘治十四年（1501 年）疏挖工程结束之后，滇池常年水位再降为 1888 米，水域面积缩小为 350 平方公里。由此，盘龙江再次继续向南延伸至南坝以下的今陈家营附近。而西山脚下的高峣、西华街和白鱼口也形成村落。

至清代道光十六年（1836 年），建造“屡丰闸”为止，滇池水位固定在 1887 米左右，至今 180 多年来没有变化。此期间，滇池的湖岸地貌中的海埂，已然形成。它一埂横出，伸向碧波荡漾的水中央，将滇池划分为南、北两部分，南名“滇池”，北称“草海”。

由于滇池水位的下落，滇池坝子较为平坦，坡度在八度以内可资耕种的面积就达 770 多平方公里。今西山区坝区，均为滇池水位变化形成的湖积平原。

由于纬度和海拔的关系，更因为碧波粼粼的滇池水域对调节周围地区的气候起了重要的作用，使得滇池盆地具有“冬暖夏凉，四季如春”的气候特征。前人有诗赞美：“昆明腊月可无裘，三伏轻棉汗不流。梅绽隆冬香放满，柳舒新岁叶将稠。”早在明代，昆明城就被誉为“春城”，是万物生长、人类生存的理想之地。

在这漫长的历史进程和演变中，滇池，仿佛就像一位伟大的母亲，通过密布于周边的河流水系、池塘井泉构成的血脉，滋养着万物、养育着昆明及西山人民。不仅为昆明及西山人民提供了良田沃土和生存空间，也为昆明及西山文化搭建了美丽而广袤的舞台，从而孕育了灿烂的西山文化。

碧鸡山，西山文化的中心

西山山系中，北起碧鸡关、南至挂榜山的几座山峰，包括高峣山、华亭山、太华山、美人峰、罗汉峰等，又统称碧鸡山，也就是人们常说的狭义上的

西山，西山区因此而得名。西山，也是国家级风景名胜区。

远眺西山群峰，似庞大睡佛，又像仰卧美人，故称“卧佛山”“睡美人”。罗汉峰突兀向滇池伸出，远眺侧影，酷似大肚弥勒佛，故称罗汉峰。

碧鸡山森林泉水密布，岩石累累，沟壑环合。山水云物，变化万状。其中以罗汉峰最高，海拔2506米，靠滇池一侧的断壁悬崖，与滇池水面高差达600余米，蔚为壮观。

明嘉靖年间杨慎在《云南山川志》中赞美西山“苍崖万丈，绿水千寻，月印澄波，云横绝顶，滇中一佳境也”。清代云贵总督范承勋的《碧鸡山记》赞其为“翠黛斑驳，高出云表，屋置悬崖，面池背山，山水云物，变化万状，目赏心怡，意在神会，天地之奇，不能名言”。

三清阁上有一副没有署名的楹联，以精练通俗的语言，形象贴切地描绘了西山的美景，令人叫绝。联曰：

半壁起危楼，岭如屏，海如镜，舟如叶，城郭村落如画。况四时风月，朝暮晴阴，试问古今游人，谁领略万千气象？

九秋凌绝顶，洞有云，崖有泉，松有涛，花鸟林壑有情。忆八载星霜，关河奔走，难得栖迟故里，来啸傲金碧湖山。

❶ 苍崖万丈的滇中第一佳境

❷ 西山睡美人远眺

湖，因山而显气象万千；山，也因湖而更加秀丽。山光水色，天光云影，融为一体。正如元代诗人郭孟昭《咏昆明池》所描绘的："昆明千顷浩冥濛，浴日滔天气量洪。倒映群峰来镜里，雄吞万派入胸中。"

碧鸡山在滇池之滨奇峰突起，数百万年来与浩渺滇池相依相伴。积善社区王家墩村旁发现的新石器遗址证实，早在4000多年前，碧鸡山一带就有人们生产生活的场所。自汉代建碧鸡神祠起，碧鸡山成为滇池人民心目中的神山。宋代大理国鄯阐侯建高氏别业，元代梁王建避暑台，开碧鸡山旅游文化的先河。自元代开建太华寺、华亭寺起，碧鸡山又成为宗教信众的圣地。明代三清阁的构建和清代龙门石窟的开凿，把旅游和宗教紧密结合。民国时期名人别墅和名人墓葬的出现，增添了碧鸡山的人文色彩。千年开拓历史，沉淀了厚重的历史文化财富。

滇池碧鸡诗词

历代文人墨客，用了很多优美的词句形容西山，留下了无数精彩诗词、楹联和文章，不胜枚举。最近，由西山区政协编注的《诗韵西山》，仅上卷就收录吟诵碧鸡山的诗词560首。这些瑰丽的诗篇，构成了独具特色的滇池碧鸡诗词文化，标志着不同时代人们对西山的钟爱和眷恋。

❶ 滇池与西山群峰

❷ 滇池晚霞

2

例如，唐代韩愈的《滇池赤藤杖歌》，隆舜的《登鄯阐台》，道安的《玉案山》；元代李京的《初到滇池》，王升的《滇池赋》；明代机先的《滇池夜月》，王士性的《泛舟昆池游历太华诸峰记》，郭文的《登太华兰若》，杨慎的《滇海曲》十二首，张含的《一碧万顷》，李元阳的《高峣泛舟》，担当的《昆池曲》等；清代，如傅之诚的《泛昆池》，段昕的《过滇池至暮抵高峣》《昆湖秋涛》，孙髯翁的大观楼长联及滇池诗作，钱沣的《宿太华寺》《高峣口号》，师范的《雨宿碧鸡关》……近现代众多三迤名士，如戴絅孙、赵藩、陈荣昌、袁嘉谷、李坤……都有咏滇池诗词。历代云南的历史文化名人，几乎无一不讴歌滇池草海。

西山，自然赋予了她的雄奇，文化赋予了她的灵性。这种自然风光和多重文化的相生相融，使得美丽的碧鸡山闪耀着人文的光辉，成为滇池文化的结晶，西山文化的一大亮点，令人陶醉。

从传说、神话、故事到城市名片
——金马碧鸡文化

在漫长的历史进程中，金马碧鸡吸收了丰富多彩的民俗文化、农耕文化、佛教文化、建筑文化、诗词文化的营养，形成了独具一格的金碧文化，构成昆明历史文化名城中最为精彩的篇章之一。

朴素简洁、形象生动的金马碧鸡从远古走来，带着明山秀水的秀丽和草木泥土的芳香，带着古代滇人对生活的感受和美好愿望，演绎成为美丽传说的主角、汉皇遣使祭拜的神灵、佛家故事中人物的化身、美丽山峰的名称，并成为重要的文化标识、城市象征和城市名片，在金碧湖山中熠熠生辉。

在漫长的历史进程中，金马碧鸡吸收了丰富多彩的民俗文化、农耕文化、佛教文化、建筑文化、诗词文化的营养，形成了独具一格的金碧文化，构成昆明历史文化名城中最为精彩的篇章之一。

纵观金碧文化的产生和发展，不难看到金碧文化的核心是“瑞秀吉祥”。无论是古滇国时期的原始自然崇拜，汉晋的神灵祭祀，唐宋明清的佛神供奉和明清至当代的建筑景观欣赏，金马碧鸡都表达着昆明及西山人民对大自然的陶醉和对美好生活的追求。

金马碧鸡——一个美丽的传说

金马碧鸡传说诞生于古滇国时期的滇池地区，至今已有两千多年的历史。

金马碧鸡的传说其实很简单。主要内容是：

明镜般的滇池中，有匹雄骏威武、金光闪闪的神马，常常在滇池东面山上的松林中时隐时现，出现时金光四射，炫人眼目，万木生辉。

在滇池西面群山之上，有只秀丽婀娜的神鸡，经常飞翔盘旋于滇池上空，那翡翠般的身影，悦耳动听的歌声，令人陶醉。开屏之时，五彩缤纷，美不胜收。

为什么说金马碧鸡传说诞生于古滇国时期的滇池地区？主要史料证据就是汉代班固的《汉书》和东晋常璩的《华阳国志·南中志》。这都是有关金马碧鸡传说最早见诸史籍的记载。

《汉书》卷二十五《郊祀志下》记载："宣帝即位……或

❶ 古滇国青铜器中的孔雀

❷ 古滇国青铜器中骑士和战马

言益州有金马、碧鸡之神，可醮祭而致，於是遣谏大夫王褒使持节而求之。”①

益州即益州郡，郡治在滇池县（今昆明晋宁晋城附近）。汉元封二年（前109年），汉武帝刘彻征服西南夷降服滇王后所设置。汉宣帝刘询是汉武帝的孙子，前74年至前49年在位。他于汉五凤三年（前55年）封王褒为谏议大夫，持节前往求金马碧鸡之时，距离汉武帝降服古滇国不过54年，这说明此前金马碧鸡传说早已存在。

金马碧鸡传说在古滇国出现，并非偶然。那时滇池地区水面宽阔，湖青山绿，气候温润偏热，为各种鱼类、鸟类和兽类提供了良好的生存空间。其中，孔雀众多，盛产骏马。而孔雀和骏马，就是金马、碧鸡的原型。

当时，骏马在滇民心目中有着崇高的位置。在赖以生存的征战、狩猎等活动中，马作为坐骑，发挥着至关重要的作用。古滇人不食马肉、不用马负重驮运，都证明对马的敬重。自古以来，“滇池驹”驰名四方，古滇国青铜器中，马的造型很多，多出现在征战、狩猎的场面中。

孔雀身披翠绿色的羽毛，开屏之时，绚烂无比，深受人们喜爱。古滇青铜器中，不仅有单独的孔雀塑像，而且还有孔雀杖头、孔雀青铜扣饰等，而且许多青铜器物上都刻有孔雀图案。在古滇人的心目中，孔雀不仅美丽，而且能降服令人恐惧的蛇，是祥瑞的象征。

由于滇池水面宽阔，丰富的水蒸气使得天空中经常出现云蒸霞蔚、五彩缤纷的壮观景象。滇民仰望观赏云卷云舒、绮丽多姿的图像，联系到地面钟爱的骏马和孔雀，想象出天马行空、孔雀开屏的情景，于是，编织出金马碧鸡的传说，祈愿金马碧鸡给他们带来六畜兴旺，生活吉祥。

① 方国瑜：《云南史料丛刊》（第一卷），云南大学出版社1998年版，第40页。

滇池地区金碧传说，与中原地区龙凤文化有着异曲同工之妙。

中原内地以孔雀为原型，塑造了神鸟凤凰。《山海经·南次山经》说它："其状如鸡，五彩而文，名曰凤凰。是鸟也，饮食自然，自歌自舞，见则天下安宁。"同时，中原内地以马首、蛇身、鹿角、鱼鳞等塑造了神兽"龙"。而滇池地区的民众则以孔雀为原型，塑造了"碧鸡"；以骏马为原型，塑造了"金马"。碧鸡就是滇人的凤凰，金马就是滇人的龙。这种文化同源而又有所差异的现象，使得"金马碧鸡"传说带有鲜明的地域特点。

一个悲壮的故事

西汉元封二年（前109年），汉武帝经略西南夷，"以兵临滇"，滇王"举国降，请置吏入朝"。汉武帝在原古滇国的地域设立了益州郡。从此，滇池地区纳入了汉王朝的版图，云南地区与中原的联系和交往逐步加深。金马碧鸡的传说也传入内地。

金马碧鸡的传说传入内地之后，引起了汉帝和方士[①]们的关注。在他们眼中，金马碧鸡是神灵，而神灵应该迎奉到皇都，不应该留在遥远的边疆。于是，一位使臣受命出发，前往在他们眼中属于蛮荒之地的益州（云南）。

受命前往益州迎奉金马碧鸡的，是汉宣帝刘询的文学侍从、谏议大夫王褒。在宣帝心目中，王褒是完成这一重要使命的合适人选。谁知，宣帝的这一任命，却将王褒送上了不归之路。

沐浴着浩荡皇恩，肩负特殊使命的钦差大臣王褒持节出宫，千里迢迢，风餐露宿，翻越崇山峻岭，一路向南。但体质孱弱的一介文人书生经不起这番折腾，终于病倒川南。临终

王褒

① 方术之士。古代自称能访仙炼丹以求长生不老的人。

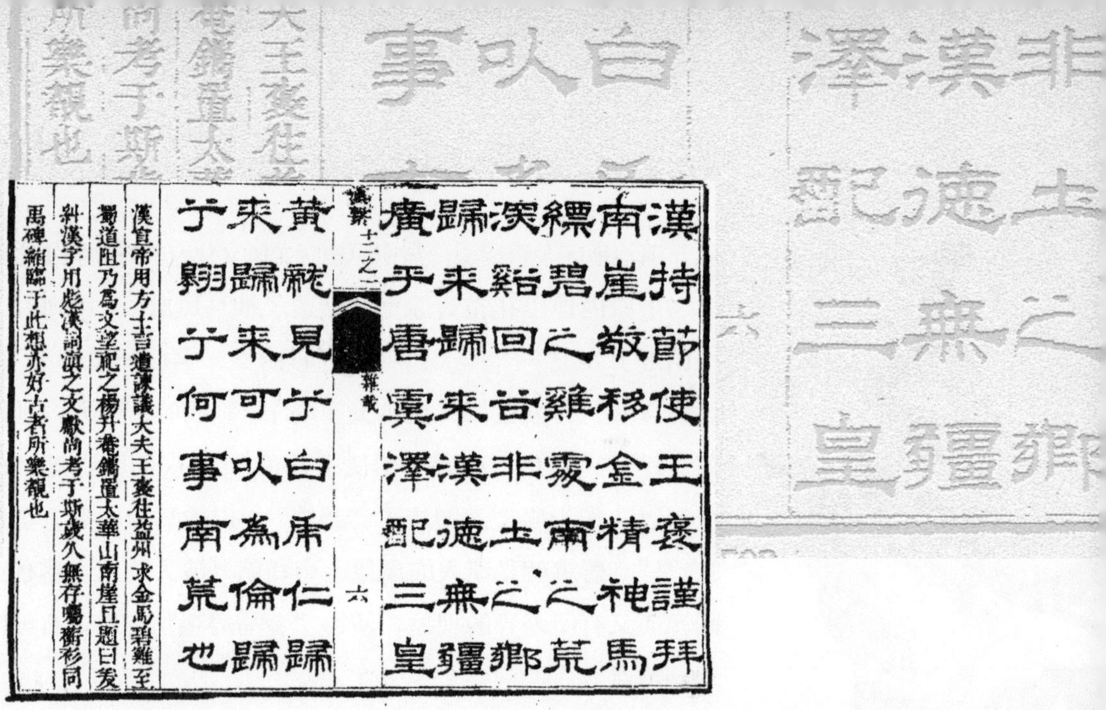
漢持節使王褒謹拜南崖敬移金精神馬縹碧之雞處南之荒深溪回谷非土之鄉歸來歸來漢德無疆廣乎唐虞澤配三皇黃龍見兮白虎仁歸來歸來可以為倫歸兮翔兮何事南荒也

滇繫 十二之二 六

漢宣帝用方士言遣諫議大夫王褒往益州求金馬碧雞至蜀道阻乃爲文望祀之楊升菴鐫置太華山南崖且題曰爰糾漢字用彪漢詞滇之文獻尚考于斯歲久無存嚮衡杉同馬碑縮臨于此想亦好古者所樂視也

《滇系》收录杨升庵镌刻的“碧鸡颂”拓片

前，王褒遥望南天，欣然命笔，写下《移金马碧鸡文》，算是对皇恩使命的回复。

不过，虽然王褒枉送了性命，却也为后世留下了一篇美文，将传说中的金马碧鸡送上了神灵的位置。

文曰：“汉持节使王褒谨拜南崖，敬移金精神马、缥碧之鸡，处南之荒。深溪回谷，非土之乡。归来归来，汉德无疆，广乎唐虞，泽配三皇。黄龙见兮白虎仁，归来归来，可以为伦。归兮翔兮，何事南荒也。”（释文：手持节杖的使臣王褒，遥遥向南方的山崖祭拜，恭敬地请求金色的神马、青碧的灵鸡离开所在的南方荒蛮之地。那深深的山谷、回荡的河流，不是你久居的乡土。归来吧归来，汉皇的恩德无边，宽厚超过了尧舜，恩泽与天地人皇相当。深潜的黄龙因此再现，凶猛的白虎也显得仁慈。归来吧归来，你应当与它们为伍；归来啊归来，何必停留在荒僻的南方呢！）

王褒的这篇《移金马碧鸡文》仅 700 来字，通篇洋溢着对皇恩汉德的赞颂，表达了对金精神马、缥碧之鸡的神往之情。其文辞的精当，对仗的工稳，咏叹的回肠荡气，令人叫绝。更为重要的是，该文把金马碧鸡与内地流行的吉兽黄龙、白虎并列，使得金马碧鸡成为神兽神鸟，声名鹊起，闻名遐迩。金马碧鸡这一地域文化现象，从此载入典籍，走向全国。

金马碧鸡走上神坛

王褒虽然没有寻求到金马碧鸡的真相，但由于方士的传言和那篇《移金马碧鸡文》，金马碧鸡成了神灵。

金马碧鸡既然成为神灵，自然也就产生了神灵的祭拜。

唐代樊绰的《云南志》（又名蛮书）写作于公元864年，此时云南处于南诏时期。该书卷二“山川江源第二”载：

> 金马山在拓东城螺山南二十余里，高百余文，与碧鸡山东南西北相对，土俗传云，昔有金马，往往出现。山上亦有神祠。……碧鸡山，在昆池西岸上，

与拓东城隔水相对。从东来者冈头数十里已见此山。山势特秀，池水清澹，水中有碧鸡山石，山有洞庭树，年月久远，空有余本。[1]

现存金马寺内保存的清嘉庆《重修金马寺灵应禅寺碑记》载："至汉宣帝时，遣王褒持节祭金马碧鸡之神，而建祠焉，遂相传不朽。"可见神祠建立的时间远在西汉时期。据此，可以确认，至少在南诏以前，金马碧鸡不仅成了山名，而且山上也分别建有祭祀金马碧鸡的"神祠"。

金马碧鸡进入佛界

唐代中叶，蒙氏势力在洱海地区崛起，建立南诏国。唐永泰元年（765年），南诏王在滇池北岸建立了拓东城。

佛教是南诏国的国教，佛教文化随之在拓东城传布开来。南诏国所推崇的佛教，属于佛教密宗与本土原始宗教结合的阿吒力教。阿吒力教讲究传承关系，由此，他们从印度阿育王大力弘法的佛教故事中，演绎了印度佛教与阿吒力教的传承关系。

阿育王是印度孔雀王朝第三任国王，生活在公元前3世纪，那时是我国周朝时期。他的一生可以明显分成两个部分，前半生通过武力杀伐基本统一了印度，坐稳了王位；后半生是取得统治地位之后，皈依佛门，改变了统治策略，在全国大力推广佛教，促成了佛教由衰落走向繁荣。由于阿育王对佛教传播的巨大贡献，在佛教信众中具有崇高的地位。南诏国王同样靠武力统一六诏，并四处征战扩张，崛起之后也把佛教奉为国教，极力推行。由于二者之间的相似性，南诏王把1000多年前的阿育王佛教故事嫁接到本地始祖神话

① 唐樊绰撰，向达原校、木芹补校：《云南志补注》，昆明：云南人民出版社1995年版，第19页。

的叙事体系中，编织了新的阿育王故事，广为流传。其典型例子之一，就是阿育王的三个儿子追马至滇，受封金马碧鸡山神，其后裔一支与土著女子“沙壹”成婚，生“九隆”，这就是南诏始祖。由此南诏王被演绎成为阿育王的后代。

关于阿育王三个太子追马至滇的故事，据元人张道宗所著《记古滇说集》，梗概为：

阿育王有一匹骏马，身高八尺，红鬃赤尾，毛有金色，日行千里，称为“神骥”。阿育王视其为至宝。他的三个儿子都争着要得到这匹金色之马，但该马唯见金辔始受控御。阿育王喜爱三儿子至德，有心将神骥给三儿子，但他不便明说。乃命左右曰：“将我神骥纵驰而去，有能追获者主之。”同时，阿育王悄悄地将金辔交给至德。神骥东奔，至滇池。阿育王的三个儿子也追到滇池。由于三太子至德有金辔，在滇池边东山控御了金马。此后，东山称为金马山，至德发现金马奔驰的山叫作跑马山，呼唤金马的山名称为呼马山。

阿育王派舅氏神明统兵到滇池，接应他们回去，不料哀牢夷首领阻兵塞道，从此他们便留在了滇池地区。

到了南诏时期，南诏王“追封阿育王三子一舅，皆谥以帝号，而神主各山，以庙祀之；长子福邦为碧鸡山主，庙于山之下，谥曰伏义山河清邦景帝；次为灵伏仇夷滇河圣帝，三为金马名山至德景帝，庙于金马山麓；谥舅氏神明乃曰大圣外祖神明天子，庙亦碧鸡山主庙之左。”①

《记古滇说集》还说：第十三代南诏王隆舜“幸鄯阐城，仍为东京，祭阿育王子金马、碧鸡二山，景帝及祀神明天子各庙立。”② 由此，金马碧鸡神灵演化为佛教护法之神。

这样，南诏阿育王的神话故事与云南民间信仰体系彼此黏附，在滇池地区形成了金马碧鸡与阿育王太子传说相结合的独

①② 方国瑜：《云南史料丛刊》（第二卷），云南大学出版社，第655页。

特版本。

元明以后，由于汉传佛教的影响，金马祠庙改称为金马寺。明《重建金马山灵应禅寺记》[①]碑记云："祠而荣之，寺而翼之，盖自蒙段氏以来则然矣。"而在碧鸡山上的碧鸡关，另建了碧鸡寺。

金马碧鸡坊

明初，云南的驿道得到进一步完善。在横跨昆明地区的驿道上，东边金马山有金马关，西面碧鸡山有碧鸡关，均建有关城。两关拱卫着省城，使得"金山碧岭之胜，川原云物之饶"的金碧湖山壮丽景象的整体概念更加清晰。

所谓金碧湖山，即指以滇池为中心，以金马山、碧鸡山等山脉环绕的迤逦景观。

现有史料中，最早以"游客"的角度观赏金碧湖山的是大理国时期鄯阐侯等王公贵族后人及乡士大夫。他们把滇池东岸的窝洞（今官渡古镇）和西山作为"攸乂之所"。"瞰碧鸡、金马，烟波秀丽，云水杳霭。……吟啸自若，陶陶而忘反。"

元代，出现了咏颂滇池和金碧两山的诗词。行省经历郭进诚有《碧鸡山诗》。诗曰："碧凤一飞去，空遗碧鸡名。寥寥千载下，徒仰山仪形。……天应怜响绝，俾以鸣治平。置之金碧间，庶与山峥嵘。"诗人王升在《滇池赋》列出昆明八景，其中二景即为"碧鸡峭拔而岌嶪，金马逶迤而玲珑"。

明代，世人对金碧湖山更为看重。郭文在《重建金马山灵应禅寺记》中说："西南多名山大川，而金马碧鸡尤为著。盖以其山据坤维之雄浑，涵滇海之清莹，秀异所钟，蕴为神灵，蒸为云雨，祷为休澂之应，理固然也若。"因此，元代的昆明八景到明代演化为六景。其中三景为：滇池夜月、碧鸡秋色和金马朝晖。

---

① 该碑现存金马寺。

徜徉于金碧湖山之间，金马碧鸡传说、神话故事自然涌上心头，为大自然增添了几多神秘色彩。因此，昆明人将对金碧湖山的钟爱和对金马碧鸡传说的神往，凝聚成金马碧鸡坊。

牌坊是很有中国特色的建筑。这类建筑从周代里坊的旌门制演化而来，到明代形成了以旌表为主要功能的纪念建筑。

金马、碧鸡二坊始建于明宣德年间，这是一个不同寻常的创举。

首先，牌坊所旌表颂扬的不是建树功业的人物，而是两种象征吉瑞的动物，这在全国各地的牌坊中甚为罕见；其次，金马碧鸡坊选址于城市通衢繁盛之地，分列东西，象征着“一方之胜”金马山和碧鸡山；第三，从建筑形制看，两坊相距位置恰到好处，日出月落，金碧交辉[①]，呈现出吉祥的氛围，形象地表达了“金马呈祥，碧鸡献瑞”的期盼。故滇人称“滇之杰构，斯为最著”[②]。

这样，金马碧鸡坊就把金马碧鸡从远古的传说和神佛故事的虚拟幻境带到世俗人间，极大地提高了金马碧鸡的社会关注度和知名度，加强了金碧文化在昆明文化构成中的地位。由此，金马碧鸡坊不仅成为昆明胜景，也使得金马碧鸡成为城市的标志。

金马、碧鸡二坊建成后，屡遭损毁，又多次重建。清光绪十年（1884 年）云贵总督岑毓英主持重建的金马碧鸡坊为三门四柱，重檐歇山式屋顶，翼角舒展，斗拱繁复，气势雄伟。坊名为昆明呈贡人的著名书法家孙清彦所书，笔势刚劲，神满气足。

1998 年，昆明市政府重建金马碧鸡坊。重建的新金马碧鸡坊与原坊风貌基本一致，体现着历史的共识和文化的传承，

① 相传六十年一遇的某个特定年份的中秋，傍晚时分，太阳西沉，余晖照着碧鸡坊的倒影向东移动，而此时，月亮东升，月光照着金马坊的倒影向西移动，两坊的倒影相向而行，逐渐靠近，最终会交接在一起，形成“金碧交辉”奇观。

②《重建东寺文笔塔暨忠爱金碧三坊碑记》现存东寺塔内。

由金碧湖山传说演化而修建的金马碧鸡坊（清末）

成为昆明历史文化名城的亮丽名片。

碧鸡山上《碧鸡颂》

金马碧鸡坊建起百年之后，明嘉靖年间，杨升庵因“议大礼”案贬谪云南。他认为王褒移金马碧鸡文 “爰纠汉字，用彪汉词，滇之文献，尚考于斯”。意思是说，王褒的《移金马碧鸡文》不仅是最早用汉字书写记录滇事的文章，而且辞章华丽、极富文采，十分重要。云南的典籍文章，最早的还是它。因此，明嘉靖二十四年（1545 年），杨升庵就请友人简绍芳书丹，将此文加了题跋，镌刻于太华山南崖南庵附近，并有诗纪其事。

杨升庵诗云：《简西峃冒雨登碧鸡罗汉寺，写金碧古文碑，卓午陡晴喜而成咏》：

岧峣石角穿云路，青鞋冲雨登山去。
佛日双林放午晴，觉花意蕊香生步。
缥碧精金汉代辞，祇园荒草翳丰碑。

金马、碧鸡坊夜景

烦君重拓芝英隶，留刻南崖万古垂。

杨升庵刻《移金马碧鸡文》于碧鸡山，在昆明文化史上是一件大事，历来受到关注。简绍芳的书法也“隶书高妙，近代罕有”。因此前人多有摹拓收藏。

不过，因碑在山崖，杨升庵所镌刻的《移金马碧鸡文》或由于寺庙的改扩建损毁，或由于石崖崩塌等因素而难以寻觅。1925年，时任云南大学图书部主任、袁嘉谷的次子袁丕佑再度前去寻访仍无踪影。袁丕佑认为，《移金马碧鸡文》已经流传了两千多年，江山依旧，文章如生，如此重要的汉隶文献不能仅存在于典籍之中，应当如杨升庵的心愿那样，镌刻于名山之上。好在清初文士师范（师荔扉）所编纂的《滇系》一书中，收录有杨升庵镌刻的《移金马碧鸡文》拓片。于是袁丕佑即以《滇系》收录的拓片为样本，选择“千步岩”的巨石，重刻了碧鸡颂和杨升庵的题跋。

袁丕佑重刻碧鸡颂于碧鸡山千步岩，不仅是对杨慎的纪念，也见证了金碧文化的历史演变和昆明人割舍不断的金碧情怀。

千步岩上袁丕佑写的《金马碧鸡颂》

拄杖僧归苍茫外　倚阑人在画图中

——太华寺与华亭寺

在700多年漫长的岁月里，西山寺院几度兴衰，屡毁屡建。大多数时光里，殿宇轩昂，花木扶疏，钟磬悠悠，香烟袅袅。在这些佛教寺院中，僧人和游客，始终是活跃在此的两个群体。如同两条纽带，联结着寺院的岁月沧桑。也如同两条时而并行、时而交叉的线条，构成寺院文化宗教和旅游的脉络。

“天下名山僧占多”，作为风景名胜之山的西山，自汉代建“碧鸡神祠”以来，伴随着滇池地区经济社会文化的演进，先先后后，陆陆续续，建有不少祠庙寺观。这些宗教建筑此起彼伏、屡毁屡建，表达着不同时代信众对世界的认识，体现着他们的信仰和追求，从而留下了丰富的宗教文化遗产。西山也有宗教名山之称。

岁月沧桑，如今，西山许多祠庙寺观已经消失在历史的长河之中，有的留下遗址，有的甚至无可追寻，但仍有太华寺、华亭寺和三清阁巍然屹立，记载和讲述着西山宗教发展的前世今生，展示着宗教文化的独特光彩。

一副楹联的启示

明嘉靖年间，谪滇状元杨升庵曾长期寓居华亭山下的高峣，山上华亭寺是他常去之处。他不是佛教信徒，但对佛教有着深切的了解。在与方丈寺僧的交往中，他为华亭寺撰写了一副楹联：

华亭寺杨升庵联

一水抱城西，烟霭有无，拄杖僧归苍茫外；

群峰朝阁下，雨晴浓淡，倚阑人在画图中。

这副对联明白如话，意韵超然。宗教与世俗相织，极度清丽空灵而又高度现实写真。

“一水抱城西”，点明了西山的地理位置和环境，“群峰朝阁下”，正是西山寺院的特点。

烟霭缥缈的莽莽丛林中，一位僧人从苍茫的暮色归来，是老僧？还是年轻和尚？是长途云游求经而归？还是外出化缘回来？是进城讲经，还是下乡做法？有点累，拄着拐杖，步履艰难。“鸟宿池边树，僧敲月下门”，你可以有种种猜测。

晴雨变幻的绮丽画图中，那位依靠在寺院楼阁栏杆眺望湖山美景的人是谁？文人雅士，还是香草美人？是在凭吊怀古，感叹沧桑，还是在默诵佛经，思考人生？是在思念故乡，怀念故人，还是陶醉于眼前景物，飘飘欲仙？人在画图中，画图在人眼中，给你留下无限的遐想。

这，或许正是解读西山文化的指南。

在 700 多年漫长的岁月里，西山寺院几度兴衰，屡毁屡建。大多数时光里，殿宇轩昂，花木扶疏，钟磬悠悠，香烟袅袅。在这些佛教寺院中，僧人和游客，始终是活跃在此的两个群体。如同两条纽带，联结着寺院的岁月沧桑。也如同两条时而并行、时而交叉的线条，构成寺院文化宗教和旅游的脉络。

明洪武年间，留镇云南的总兵官征南将军黔国公沐英登上西山，来到太华寺。观览之余，留下了《题太华山佛严禅寺》一文。梳理了寺院文化中的这两条脉络。

其一：僧人“居此地、享此乐，则思所以报之者，亦曰兴其教，化其俗，其以不忘四恩（父母恩、众生恩、国王恩、三宝恩）之重而已。佛道以戒律为始，诚能念念在此，笃守力行，则不淫、不杀、不盗，不贪如鸡，不嗔如蛇，不痴如豕。

太华寺山门

虽未成佛，固亦佛之徒也。”

其二：令人惊讶的是，沐英还看到了宗教寺院的旅游和社会教化功能。说“俾游观者，因山林楼阁之胜，而睹端严慈善之仪，而起去恶迁善之心，则为士者庶知尽忠，为农者庶知务本。工不巧伪，商不奸欺，遵国法而叙人伦，君臣、父子、夫妇、长幼各得其分，是即有德之士，为山林主可谓人境俱胜矣。”

游观者来到此地，既享受了自然风光之美，又受到道德的启迪，不是很好吗？“兴教化俗”，以不治之治而治之。沐英实话实说，道出了历代统治者大力扶持宗教的本质。那个时代，沐英还没有想到利用寺院赚钱，还没有现代版的“寺院经济”一说。

云南佛教的新境界

元代之前，云南早已经是佛教盛传之地。唐宋时期，滇西的洱海地区和滇池地区，已经如元初李元阳《大理行记》所记述的那样：“其俗多尚浮屠法，家无贫富，皆有佛堂。人不以老壮，手不释数珠，一岁之间，斋戒几半，绝不茹昏饮酒，至斋毕乃已。”不

过，唐宋时期南诏大理国盛行的佛教是直接从印度传来的佛教密宗阿吒力教。而此时，我国内地，已经以皇家为主导，将印度佛教融入中原内地传统文化之中，逐渐形成了独立的显宗汉传佛教，并在中华大地上广泛传播。

唐宋时期，属于佛教显宗的汉传佛教也进入了云南地区，在滇池地区，就有官渡法定寺、安宁曹溪寺、法华寺等汉传佛教寺院的出现，但这些寺院在得到地方统治者支持的强大的阿吒力教的氛围中，影响有限。

这一情况在元代发生了重大变化。

汉传佛教的传播者——高僧玄鉴和玄通

元初，云南结束割据局面之后，与中原内地的文化交流显著增强，其中，云南一批僧人不畏艰险，跋涉千里，外出到中原内地求法取经。

元代出滇求法取经的僧人中，昆明人洪镜雄辩法师是最早的一位。元军占领云南后第二年（1254 年），雄辩便到了大都（北京）。他用了长达 25 年的时间，师从当世大德四师研习了佛教经典。元至元十四年（1277 年）回到昆明后，在筇竹寺开汉传佛教之“讲宗”，弟子云集，影响巨大。

在雄辩法师的弟子中，有两位事关后来的太华寺和华亭寺。一位是玄鉴，一位是玄通。

玄鉴，字无照，俗姓高，祖籍云南曲靖普鲁吉。元至元十三年（1276 年）出生于连然（今安宁）。6 岁送入安宁虎丘寺出家，拜云岩净和尚为师，16 岁时，投入筇竹寺洪镜雄辩法师门下。

玄通，字元峰，也是昆明人，元中统二年（1261 年）出生，比玄鉴大 15 岁。童年喜读书，12 岁精通经史，年十四出家，亦投入礼玉案雄辩法师门下。

他们二人先后在授业于雄辩法师一段时间后，均再入内地求法取经。玄鉴于 1295 年出发，玄通出滇的时间不详，但他们去的路线大体

相似，都是沿长江东行，到达江浙一带，最终投在天目山中峰明本禅师名下。明本禅师是佛教禅宗五祖法演流脉，为禅宗五十六世禅师。玄鉴、玄通则列为五十七世禅师。

他们先后回到昆明，弘扬佛法，宣讲禅宗。后来又先后登上西山，玄鉴主持太华寺，玄通创建华亭寺，皆对云南佛教禅宗的传布产生重大影响，为云南佛教开辟了一方新天地。

不过，这两位高僧的传法经历和际遇不尽相同。

太华寺和华亭寺的诞生

元大德七年（1303 年），玄鉴 27 岁时领受中峰之命，回滇弘法。回滇后，结坛讲经并主持正法寺、安国寺。未几，法席大振，皈依者众。梁王甘剌麻听说后，请他为之讲道。玄鉴为梁王首讲心地法门，次举惟心净土，梁王听后不甚欢欣。于是，命平章也先不花同御史陈师廉等卜地新建寺院，以供玄鉴传道讲法。

寺院选址西山太华山的一个山包之上，距离梁王在罗汉崖的避暑台不远。此地岗峦峻峭，山下便是浩渺的滇池，湖山形胜极佳。

一年之后，寺院建成，梁王赐寺额曰“佛严”，延玄鉴为开山第一祖。该寺就是大家熟识的太华寺。

玄鉴主持佛严寺，培养了商岩、山月、智祖、道元、涌海、戒融等一批精通佛典、深明至理的名僧，其他得戒受皈崇者不计其数。甚至连西双版纳的车里宣慰使都率各酋长远道而来，执弟子礼，求净土密要。玄鉴还曾赴大理崇圣寺讲经说法。由此，玄鉴和太华寺

《太华山佛严寺无照玄鉴禅师行业记》

声名大振，玄鉴被誉为“云南禅宗第一师”。

然而，元皇庆元年（1312 年）八月中秋，正当玄鉴接受收安南王（越南）邀请，即将前往说法时，在佛严寺悄然圆寂。年仅 37 岁。

玄鉴圆寂后 8 年，元延祐七年（1320 年），玄通才登上西山，在太华山以北的华亭山建盖了一座茅庵，筚路蓝缕，开始了他建寺修行的旅程。这一年元峰已经 54 岁。

华亭山原为大理国鄯阐侯高智升家族宴游之处，建有别墅。因天朗日明之时，霄云霭霭，状如华盖，故命名“华亭”。该地佳木森翳，元猿长啸，皓鹤高骞，幽花发艳，景色幽深。

在元峰禅师的孜孜努力之下，用了三年的时间建成大光明殿，塑毗卢佛像位其中，列圆觉十二大士于左右以配之。故以“圆觉”题其寺额。此后，又用了十四年的时间，元至元统二年（1334 年），圆觉寺佛像、金刚屹立。佛殿、三门、方丈、浴塘、香庖、仓廪、园匽、磬函，常住田亩，靡不完备。彩饰丹垩，栏楯台榭，甍壁垣墉，悉皆缜密。

元至正九年（1349 年），元峰以 84 岁高龄圆寂。

太华寺因玄鉴的名望而建，实属贵族建构之僧寺，华亭寺而由施主集资建设，有着平民色彩，但由于他们都是禅宗大师，皆受到信众的尊崇。

❶❷ 太华寺大殿

玄鉴开山太华寺，玄通创建圆觉寺后，其师弟、弟子们在西山周围又创建了太平、罗汉、普贤、即心、松隐、悟空等寺（庵），形成了云南汉传佛教禅宗又一强大的阵容。西山，由此浸润在浓浓的禅意之中。

综上所述，元代出现的西山寺院，是汉文化在滇池地区进一步加强影响的例证，也是中原文化与边疆文化融汇的例证，从一个侧面体现了中华文化的多元性和包容性。

沐氏家庙和皇帝赐额

元末明初战争中，昆明寺院凋敝，僧众逃散，寺产被占，佛事瘫痪，元气大伤。太华寺和华亭寺也不例外。但在明朝廷支持佛教的政策大环境下，太华寺和华亭寺均受到云南统治的格外青睐，得以重建和修复。

当战火初歇，局势稍微安定，留镇云南的云南总兵官、征南将军黔国公沐英即筹资对佛严寺进行了修缮，并建碧莲室、一碧万顷阁等。

寺僧们感念沐英，并为了寻求政治庇护，明景泰年间，太华寺住持僧大用在寺院内建了一个“思召堂”，专门供奉沐英的《题太华山佛严禅寺》文。沐英去世后，又将沐英画像一起供奉。这一举措不期形成传统，此后继任出镇云南总兵官去世，皆以画像入祀思召堂。至明代终结，自沐英至第十二世沐天波止，共十二世、二十幅画像，陆续供奉，从未间断。

太华寺成为供奉沐氏遗像的寺院之后，也成为沐氏家族或达官贵人，乃至文人学士凭吊追思沐氏先人及登幽览胜之地。

有明一朝，太华寺形同沐氏的家庙别馆。因此，太华寺源自元朝的优渥政治资源得以顺利继承。在沐氏权势的庇护下，太华寺僧通过购置，兼并等，积累了庞大的寺院田产。

华亭寺虽然恢复修缮较晚，直到明军平定云南之后 70 年后的明景泰四年（1453 年），才由明朝廷派驻云南的镇守太监黎义、罗珪等捐资重修，“拓其址而弘其规制”。之后，黎义又会同镇守云南总兵官以及华亭寺僧相晟，联合奏请朝廷称：云南昆明海西山寺，原系宋元古迹，建寺永资香火。伏望圣恩勅赐寺额，令僧住持焚修，朝夕祝延圣寿，以图补报。

明天顺六年（1462 年）正月，明英宗朱祁镇敕赐该寺为“华亭山大圆觉禅寺”。

得到皇帝敕赐的华亭寺自然风光无限，经过不断改扩建和寺僧的经营，华亭寺呈现了雍容华贵的面貌。

华亭寺，就在这样的氛围中，伴随着晨钟暮鼓、蟠烟梵音，度过了悠悠岁月。

涅槃重生

清初，在平定吴三桂之战中，清军于清康熙二十年（1681 年）围攻昆明，战乱尤为惨烈，太华寺和华亭寺在劫难逃。

太华寺内洪化府石雕围栏

华亭寺大殿罗汉塑像

战火中，太华寺亦遭到极大损坏。但没有全毁，大殿犹存，而且由于得到云贵总督范承勋和巡抚王继文的关注，仅用了两年时间便基本恢复，还增建了大殿后的观音殿、海月堂、一碧万顷阁和鬟镜轩等。

重建工程使用了拆除吴三桂翠湖新府（洪化府）的木石材料和构件，其中石雕围栏，几乎全为吴府原件，十分精美。

工程完工后，范承勋前往查看，写下了《太华记胜》。记述了修缮状况，高兴地说："惟见紫翠环合，碧潭倒影，都会女墙，烟火隐隐萦缭其前。每一骋目，襟期开朗。""自是而山水之胜兼收矣。"

此次重建，奠定了我们今天看到的太华寺的基本格局。

至于华亭寺，据清康熙四十八年（1709 年）所立《重建华亭山大圆觉禅寺碑记》载，康熙二十年（1681 年），在大兵讨平吴藩的战火中，华亭寺"荡然无复存者，举向之琳宫宝座，辉煌金碧，尽已鞠为荆棘，践为丘墟。"寺僧照环偕众归来，只能栖于荒烟蔓草中。

在如此艰难的情况之下，寺院主持照环"百计经营，募诸檀越，始建大殿三楹，装塑佛像。愈年，廓而大之。易三为五。又建左庑楼七间，开前层天王殿”，其余禅室、斋堂、厨房等陆续建成。

二十多年后的清康熙四十八年（1709年），昆明知县梁梓前往游览查看时，华亭寺“比全盛时虽尚有待，而规模井然”。

清代结束时，昆明没有发生大的战争，各寺庙没有受到战火的影响。但华亭寺已经呈现衰败冷落的状况。

直到1920年，华亭寺迎来了禅宗大师虚云大师，迅速扭转了衰败冷落的态势，出现了新的面貌。

虚云禅师为近代禅门泰斗，俗姓萧，名古岩，字德清，号虚云。湖南湘县人。19岁出家，早年祝发福建鼓山，后居终南，承修禅宗临济宗。清末入滇，驻锡鸡足山，重修祝圣寺。1919年受云南督军唐继尧之邀，到昆明主持超度靖国诸役阵亡将士灵魂的大法会。唐继尧曾请虚云大师住持圆通寺，但虚云婉拒。他了解华亭寺的历史，对该寺的破败和可能出卖给外国人做游乐场所感到忧心。唐继尧听闻后，便于法事结束后聘请虚云主持华亭寺。这时虚云已经81岁高龄。虚云住持华亭寺六年，募集巨资，对华亭寺进行了大规模的改造重建。

修缮工程初期，虚云将寺名改为“靖国云栖禅寺”，不过，正如之前圆觉寺之名，昆明人仍习惯称华亭寺。

❶ 华亭寺山门

❷ 华亭寺放生池

张璞所撰《重建碧鸡山华亭峰靖国云栖禅寺碑记》记云：“先迁祖塔于寺东，移天王殿向前，佛殿法堂僧寮陆续更动。门外凿放生池。池外安七佛宝塔，略仿天童之则。左右前后山脉回互，风气始完。”

此后，华亭寺又建起钟鼓楼、藏经阁、大悲阁等，并移植花木。华亭寺遂成为滇中第一大寺。同时，虚云禅师整肃寺规，立定规约，重振律仪，推行严格的传戒活动。虚云还主张寺僧自食其力，开垦、种植田地来获取收入并订立了一系列规定，以规范各种经济活动。

在虚云的大力整顿之下，华亭寺恢复了往日的繁盛。

虚云于1928年89岁时离滇，辗转香港、广州、上海，前

往福州鼓山涌泉寺讲经。此后历任福建鼓山、广东南华、云门大觉诸大寺院住持。1953 年发起成立中国佛教协会，被选举为名誉会长并当选为全国政协委员。1959 年圆寂，世寿 120 岁。

建筑文化遗产

在宗教文化遗产中，寺院建筑是重要的组成部分。由于我国传统建筑土木结构的特点和天灾人祸，久远的古建筑保留下来的并不多见。不过，有的建筑经历了屡毁屡建的艰难历程，仍然流淌着传统文化的血脉，保存至今。太华寺、华亭寺正是这样的寺院。

太华寺位于一个突出的山包之上，坐西向东，面临滇池，“上为危峰，下盘深谷”（徐霞客语），视野开阔。

进太华寺，需要登上三层高高的台阶。山门前四柱三门“峻极云霄”石坊上，有“凝岚”“叠翠”坊额。有联曰：“一幅湖山来眼底，万家忧乐注心头。”“滇海波平，鬟镜清漪真可鉴；西山雨霁，太华缥缈任凭登。”有着浓浓的旅游文化特色。

太华寺的主体是一座合院式建筑，由天王殿、大雄宝殿、明镜轩和思召堂围合组成，合院后矗立着大悲阁，而合院的南北两侧则是优雅的林园，点缀亭、阁，并有水榭长廊勾连。

显然，太华寺更鲜明地体现了佛家崇尚自然山水的理念，更加重视观览功能，更加世俗化。甚至殿内的塑像，如天王殿的四大天王与华亭寺佛像泥塑的风格迥然不同，创作手法朴实浑厚，形象接近现实生活中的人物，色泽淡雅。据说是出自清代雕塑大师黎广修

太华寺山门牌坊

华亭寺天王殿及哼哈二将

的手笔。

华亭寺位于一个山坳之中，地势较为平坦。无论占地面积和建筑规模都比太华寺要大。其三门面向西北，而整体建筑面向东北，十分独特。

华亭寺的前院是一座有着巨大椭圆形放生池和钟楼、鼓楼及雨花台的园林，后面则为两进三路的庞大建筑群。中路依次有天王殿、大雄宝殿和藏经阁，左路为罗汉堂、客堂和方丈室。右路为斋楼、库房、云房等。寺院设施，一应俱全。

进入华亭寺，让人感受到一种佛法庄严的氛围。特别是天王殿的哼哈二将及四大天王塑像，高大雄伟、活灵活现、神采飞扬，展示了古代雕塑艺人的高超的艺术水平。

太华寺和华亭寺留有一批古代碑刻，悬挂着许多文书俱佳的楹联匾额，还保存着许多珍贵的铸像、瓷器和书画作品。这些都是文化的珍宝。

太华寺和华亭寺均于 1983 年 3 月公布为市级文物保护单位。

万钻千椎显巨才，悬崖陡处辟仙台
——三清阁和龙门石窟

西山龙门石窟以其位置的险峻、开阔的视野和精彩的摩崖题刻、楹联，以及浓郁的民族民间生活气息独树一帜，在我国石窟寺建筑艺术、宗教史和景观文化上亦有着重要的地位。

在昆明人眼中，三清阁和龙门是一个紧密相连的整体。说去登龙门，就是去三清阁，说是去三清阁，也就意味着必然登龙门。不过，由于文化内涵和文物分类的关系，连为一体的龙门石窟和三清阁分为两个文物保护单位。龙门石窟属于石窟寺及石刻类别，现在是省级文物保护单位，而三清阁属于古建筑类别，现在是市级文物保护单位。而且，三清阁和龙门的形成时间也分先后，三清阁在明末已经形成规模，而龙门石窟则直到清道光年间才开凿完工。

神秘的梁王避暑台

西山群峰南北一线排列，其中最高的山峰叫作罗汉山。罗汉山海拔 2500 米左右，北坡森林覆盖，而东面临滇池部分仿佛被巨斧劈开，是一道高 500 米左右，宽约 1000 米的悬崖绝壁，昆明人称之为“倒石头”。

在罗汉山森林覆盖的北坡和东面悬崖绝壁交接之处的上部，自

元代开始，就出现了人工建筑。

最早到此建盖避暑行宫的，是元代蒙古皇族分封的云南第一位梁王甘麻剌。别小看这位来自荒漠草原的征服者，选择名山胜水可有着独到的眼力。这里既有树木的葱茏蓊郁，又有悬崖的陡峭险峻，地形地貌对比和反差强烈。立身此处，凉风习习，仿佛置身半空之中。海阔天空，远山近水，城阁村落，渔舟帆影，尽收眼底。

梁王在西山建避暑行宫，自然引起了人们的关注。

明清时期，史志、游记、诗词均有关于梁王避暑行宫的记载。明洪武年间，日本寓滇诗僧机先有《梁王阁》诗：

碧鸡飞去已千秋，闻说梁王昔此游。
洞口桃花迎凤辇，崖前官柳系龙舟。
青山有恨人何在，白日无情水自流。
岂识当时歌舞地，寒烟漠漠锁荒丘。

三清阁

明嘉靖年间，杨慎有《滇海曲》十二首，其一亦描绘梁王阁：

梁王阁榭水中央，乌鹊双星带五潢。
跨海虹桥三十里，广寒宫殿夜飘香。

诗中的梁王阁，指的就是通常所说的梁王避暑行宫，即避暑台。从这两首诗中，人们可以想见位于“水中央”的避暑台之高，如同天上的乌鹊星座，白天彩虹高挂，夜来好似月亮上的广寒宫。梁王到此游玩时，洞口桃花盛开，迎接他豪华的轿舆；悬崖下柳树青青，停泊着他的龙舟。

不过，从地理环境分析，梁王避暑台位于悬崖间一缕若腰带的平台顶端，地点逼仄，不可能建豪华庞大的宫殿，只是一座依山洞石穴所建隧洞式半架式建筑，洞里做宫室装修，洞外有亭阁点缀。

元末，避暑台木构建筑毁于兵燹。此后，曾有僧侣道士在此建屋修行，亦有人到此游赏。直至清末，随着南庵诸寺观的荒废，避暑台也成为一片废墟，隐没在荆棘丛生的荒烟蔓草之中。

三清境界

明宣德年间，一位法名叫无边的禅师借助沐氏赞助重修避暑台，建“凌虚阁”作为佛教场所。明弘治九年（1496 年），一位叫了纯的和尚在凌虚阁上方建了“妙定寺”修行，取“滇海之涯”之意，又曰“海涯寺”。

明嘉靖初，一位名叫赵炼的道士在海涯寺的上方开辟道观，从而拉开了三清阁建筑的建设序幕。从此避暑台一带，逐渐成为道家的境界。

“三清阁”的名称，点明了这个建筑群落的功能和建筑特点。

“三清”即道教中三尊地位最高的大神太清道德天尊太上老君、玉

❶ 三清阁入口

❷ 三清阁

清元始天尊和上清灵宝天尊的统称。

阁，是一种建筑体量不大、占地较小而且立面等于或大于平面的传统官式建构的楼房。一般一到二层，楼上四围开窗或设有栏杆回廊。三清阁既是一幢单体建筑，也是这里众多单体阁楼的统称。众多阁楼的出现，系地势险峻逼仄使然。

赵炼当年所建道观是什么情况，现在已经难以知晓，目前所能见到的，只有那时留下的孝牛泉和他当年开辟的石室。

据清道光《昆明县志》记载：明朝嘉靖初年，道士赵炼在此建道观修行，“苦无水，以牛载汲，垂二十余年矣，一日牛忽死，其处即陷为井，水味殊甘洌，虽盛暑不竭。”

显然，这条记载穿插了传说的成分，但也由此可知，赵炼在此建道观修行的时间至少二十多年，而且条件很艰苦。山上无水，曾以牛运水，直到发现了泉源。后来，该泉水演化出孝牛泉的故事，则反映民间对于忠孝的崇尚。

至于那个石室，就是今天的凤凰崖石室。

赵炼去世之后过了百年之后，明崇祯十一年（1638年），徐霞客云游的步履，来到太华山，并写下了《游太华山记》。

据徐霞客《游太华山记》记载，崇祯年间，三清阁建筑群已经相当繁盛。当时，三清阁分为南庵和北庵。南庵就在进出原梁王避暑台的小道上，包括有雷神庙、三佛殿、寿佛殿、关帝殿、张仙祠、真武宫等6座楼阁次第连缀。北庵就是现在的三清阁，在原梁王避暑台的上方，当时建有灵官殿、纯阳楼、玄帝殿、玉皇阁、抱一宫等

5座楼阁。南庵和北庵一共11座楼阁。“皆东向临海，嵌悬崖间”。徐霞客形容其为“点云缀石，互为披映，峰房燕窝，累累欲堕”。由于这11座建筑不在一个平面上，而各处于9个高低不同的狭小平台上，所以后来有“九层十一阁”之称。

南庵诸建筑，至清末时皆已倾圮，仅存遗址。北庵则在不断改扩建的过程中形成了目前的三清阁建筑群。

三清阁建筑群依悬崖峭壁而建，高出滇池水面300多米。众多楼阁各抱地势，在岩石上层层拔高，层楼叠阁，廊腰缦回，檐牙高啄，勾心斗角，如同琼瑶仙宫，又似海市蜃楼，蔚为壮观。

正是这些高低错落、参差不齐、坐向不一、形态各异的楼阁，成为三清阁文化景观的亮点。

清同治年间，昆明人、两江总督何桂清在《重修三清阁石洞序》中点明了这里山、海、阁三者之间的关系。他说：“吾滇山水称奇观，而太华擅昆池之胜，其秀尤在三清阁。”“阁所以点缀夫山之景而收滇海之形势者也。苟无阁，则山之美且不见，奚有于海？是故人之登太华者必曰游三清阁。”也正如当代园林大师陈从周所说：“无楼便无人，无人即无情，无情亦无景，此景关键在楼。”

确实，置身于此，真有“空中楼阁”的飘然之感！正所谓“屋在天边住，人从壁上来，侧身一回顾，妙境豁然开”。

沿着陡峭的七十二级石阶攀上三清阁的大门，正反两面，赫然挂着两副楹联：

一副：时出云烟铺下界；夜来钟磬彻诸天。

另一副：置身须向极高处；举首还多在上人。

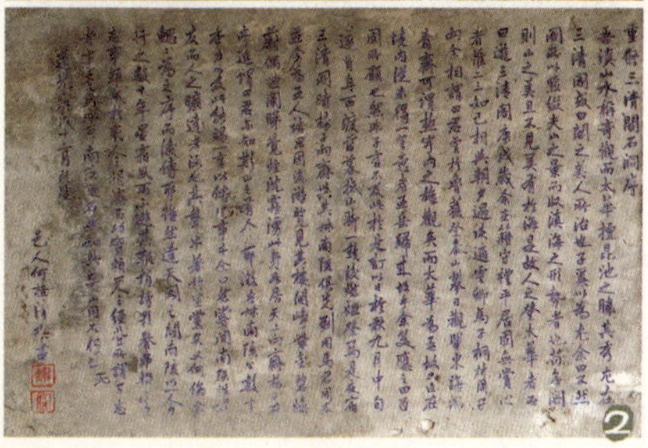

❶ 三清阁亭阁之——灵官殿

❷ 何桂清《重修三清阁石洞序》

或许，正是这两副楹联，开门见山地点出了三清阁建筑群文化内涵的两个重要方面。

“时出云烟铺下界；夜来钟磬彻诸天。”一派仙风道骨之气悠然，一种羽化升天之感飘然，弥漫着宗教文化的气息。

“置身须向极高处；举首还多在上人。”激励着人们不畏艰难，奋力登高，给人以人生道路需要奋斗的启示，折射着生动的人生哲理。更多的游人登临此地，为的是欣赏点云缀石、鸟革翚飞的古代建筑和观览奇特壮阔的湖光山色。

吴道士开凿慈云洞

当年，徐霞客游太华山时，也见到了赵炼开凿的那个石室。

徐霞客在《太华山游记》中写道：“抱一宫南削崖上，杙木栈，穿石穴，栈悬崖树，穴透崖隙，皆极险峭。度隙，有小楼粘石端，寝龛炊灶皆具。北庵景至此而极。”

徐霞客这里所说的“有小楼粘石端”的里面，就是赵炼开凿的石室。“寝龛炊灶皆具”，说明崇祯年间仍有道士在此修行。而要到达这个石室，则需要沿着安装在山崖巨石的木梯攀爬而上。

正是赵炼开凿的这个石室，为龙门石窟的开凿留下了伏笔。

❶ 三清阁亭阁之——凌霄宝阁

❷ 赵炼开凿的石室（旧石室）

岁月匆匆，赵炼开凿石室259年之后，叮当的开凿声终于将这个隐秘已久的神秘石室曝光于世。清乾隆四十六年（1781年），一位年仅14岁、名叫吴自性的小道士来到三清阁修行。

吴自性是滇池边下渔村人，虽然年少，但有很深的宗教情怀，幼时便常有游南海普陀岩之梦。在他心目中，那里是道教元始天尊门下“十二金仙”之一的慈航道人的道场。

吴自性取道名“来清”，一心要在三清阁南面的悬崖峭壁上，开辟一个新的慈航道场，将他幼年时的普陀梦境变为现实。于是，他以坚韧的毅力，一锤一钻，穿石凿岩，开始了他的苦行之旅。

他首先将挡在通往赵炼石室前的巨石凿开，开辟了通往石室的通道，免除了攀爬之苦。

然后，吴来清从石室南面的山体上辟门，沿着峭壁的东侧开凿出通道。聪明的吴来清为了防止岩石垮塌，通道选择从沿岩壁穿石而过，外侧留下了断续的石体作为支撑，如同开了大小不同的窗口。这条半隧洞式通道并不长，只有50多步，但高低起伏，曲折蜿蜒，高宽只容一人弯腰螺旋蛇行，而且路面陡峭。

在峭壁的一个皱褶处，吴来清停了下来，开凿了一个深3.41米、宽5.22米、高2.8米的新石室。他便按照他想象中的南海普陀情景打造了这个洞室。

吴道士把开凿的洞室塑造为供奉观音慈航道人的殿堂。正中原岩雕成高0.82米道教观音一尊，左右有金童玉女，背景为大海和山峦翠竹，左壁浮雕青龙星君，右壁浮雕白虎星君，天空则是日月和腾龙云纹。

有趣的是，此观音像采用了昆明农村妇女的形象，戴头箍，穿大襟长袍，长裤，很随意地坐于岩石之上，膝前左右各有一幼童和一猴子，充满了日常生活的气息。由此，许多人依据自己的猜测和愿望，称其为“送子娘娘”。

目前，石室内还分布有一些题刻楹联，但多系后人所添刻。只有洞外上方正中的两幅刻额，应当是吴道士请人题刻。一方为

❶ 龙门石窟起点题刻

❷ 龙门石窟入口

❸ 龙门石窟半隧洞式通道

❶ 慈云洞内的观音造像
❷ 龙门石窟慈云洞
❸ 慈云洞前香炉

“是亦普陀”，刻于清嘉庆四年（1799 年），另一方是“福海无量”，刻于清嘉庆六年（1801 年）。

“是亦普陀”和“福海无量”，显然是吴道士的心愿。清嘉庆六年（1801 年）应当是工程结束的时间。也就是说，吴来清开凿工程，如果从清乾隆四十六年（1781 年）算起，用了 20 年的时光。此时他才 34 岁，正当壮年。

新石室竣工之时，吴来清的友人、赤甲壁村（现车家壁村）的彝族文士那文凤前来参观后，写了两首七言律诗赠吴道士。后来这首诗铭刻在慈云洞前的香炉上。

其一：

万钻千椎显巨才，悬崖陡处辟仙台。
何须佛洞天生就，直赛龙门禹凿开。
紫竹荫书心里出，慈云蔼露掌中来。
昆池恰似观南海，不负当年梦几回。

吴道士尝自叙云，我幼时常有游南海普陀岩之梦。

其二：

凿石还超炼石材，竟追盘古辟天台。
烟雾一破乾坤别，日明新分混沌开。
世界壶中装得去，山河镜里照将来。
休疑此地人间有，只许刘郎到这回。

诗中出现了“慈云”二字，清道光五年（1825 年），有人在室内正壁正中题刻了“慈云洞”三字，两侧刻楹联一副云：“石室著灵踪，昆海无殊南海。天人瞻法象，华山即使香山。”自此，该洞室称为“慈云洞”。

据清嘉庆二十二年（1817 年）戴絅孙的《吴道士新开石

室记》。这个洞室的外侧还建有阁楼，而且“户楹梁欐，各极天巧”，名曰朱家阁。

吴道士开凿的慈云洞，不仅完成了他的夙愿，也为俯瞰观览滇池和城郭村落提供了全新的视角，吸引了众多游客，无形中引发了下一步的开凿。

杨汝兰与达天阁

慈云洞完工 40 年之后，清道光二十年（1840 年），西山岩壁的开凿再次启动。不过，此次开凿工程不再由修行的道士主导，也不是单打独斗的苦行，而是由士绅杨汝兰主持，集众人之力，捐资开凿。

杨汝兰何许人也？据《续修昆明县志·人物志》介绍，杨汝兰是昆明人，生平喜交游。每遇地方善举，必力任之。杨汝兰通过仔细观察，认为慈云洞的视线虽然比以前开阔，但位置处于峭壁间一缩进之处，滇池的南部，仍被突出的山崖阻挡，看不见滇池的全貌。为了让俯瞰滇池和山川的视角更为开阔，“极山水之胜”，还可以在慈云洞南高处突出的峭壁上继续开辟新的石室。于是，他经过长期的筹划，并得到地方当局和三清阁住持的赞同，邀请地方贤达，集资请工，于清道光二十年（1840 年）开始动工，继续将石道向南推进。这一年，杨汝兰 37 岁。

此次开凿工程包括云华洞和达天阁，工程用了长达九年的时光，于清道光二十九年（1849 年）结束。

所谓云华洞，指的是从慈云洞到达天阁全长 30 余米的石洞通道。该通道仍仿效吴来清的办法，沿着峭壁的东侧开凿半隧道式通道。云华者，彩云也。喻此处之高，已是云雾萦绕，极富诗意。

所谓达天阁，指的是云华洞高端的石室和平台。达天者，已经进入天界了，喻其之高。

虽然杨汝兰开凿达天阁的主要目的在于观览滇池胜景，但三清阁

❶ 云华洞

❷ 达天阁和龙门

毕竟是道家的天地，达天阁仍雕琢为一以“魁星点斗”为主题的道教石窟。

达天阁石室宽 4.2 米，深 2.35 米，高 2.3 米。神案供奉圆雕魁星、文昌、关圣像，后壁浮雕山水，八仙遨游其间。左右两侧石壁主要位置的题刻《关圣帝君觉世真经》和《文昌帝君阴骘和文》及暗八仙、骏马等，顶上浮雕彩云仙鹤。令人赞叹的是，全部雕刻不仅造型逼真，细腻精妙，而且全部在原石上雕琢。可谓鬼斧神工，精妙绝伦。

不仅如此，杨汝兰等利用室外平台和峭壁，以龙门石牌坊和巨幅高浮雕“鲤鱼跃波”和“游龙腾云”等，表达了著名的“鱼跃龙门”的故事，突出了“金榜题名”的主题。不仅与室内的“魁星点斗、独占鳌头”相呼应，也与科举制度相吻合，激励着莘莘学子，刻苦攻读，一朝金榜题名，进入仕途，光宗耀祖。由此，“龙门”便成为达天阁的大名，就近的峭壁也被叫“挂榜山”。

达天阁完工后，使得观览滇池的视野扩展到南边的观音

山一带，海阔天空、江山如画的感觉更为强烈。同时，达天阁文化主题，成为不同文化层次、不同精神追求的人们向往之地。在此凭栏远眺，天风琅琅，海立云垂，令人心旷神怡。

遗憾的是，在现存题刻和史料中，没有留下那些真正一斧一凿为龙门石窟开凿工程付出辛勤劳动和智慧的工匠们的蛛丝马迹，只有一些传说流传民间。据说，参与施工的石匠，有山下龙王庙村的石工，还有安宁清水沟的石匠以及特邀的彝族雕刻能手等等。不过，云华洞达天阁那些精妙的石雕，已经成为这些无名英雄的永远的丰碑。

需要强调一下的是，在云华洞和达天阁施工期间，杨汝兰等有意无意间，把赵炼开凿的旧石室和吴来清开凿的慈云洞一起做了整体连接。其一，道光二十二年（1842 年）在慈云洞通道入口处建牌坊式大门，额题“普陀胜景”；其二，清道光二十六年（1846 年）在旧石室前石道入口巨石上处题刻“别有洞天”。这样，三个不同时代开凿的石室及通道成为一个整体，形成了“龙门石窟”。

比起我国著名的敦煌莫高窟、大同云冈石窟和洛阳龙门石窟等著名石窟，西山龙门石窟显得规模较小、造像不多、年代也较晚，但是，西山龙门石窟以其位置的险峻、开阔的视野以及精彩的摩崖题刻、楹联和浓郁的民族民间生活气息独树一帜，在我国石窟寺建筑艺术、宗教史和景观文化上亦有着重要的地位。

龙门石窟达天阁内雕像

摩崖留记事　刻石舒心怀

——龙门石窟摩崖石刻

欣赏和解读龙门石窟摩崖石刻的精品，了解它们无言讲述的生动故事，体味前人的心境，领悟其间蕴含的哲理，是游览龙门石窟的重要内容。因为，只有把观览美丽的自然风光和欣赏深厚的人文景物相结合，才能真正体验到龙门石窟的文化力量。

摩崖题刻是在天然的石壁上刻文记事的石刻。这些摩崖题刻多为名人所题，有的记事，有的咏景，有的抒怀，文字多少不一，形式多种多样，内容丰富多彩，不一而足。但绝大多数石刻的背后，都有着不同的人物故事，有着丰富的历史内涵和史料价值，而且不乏书法精美之作，具有珍贵的艺术价值，为秀美的自然风景增加了深厚的人文内涵，并成为名山胜景文化构成中的一个重要组成部分。

西山龙门石窟自道光末年整体形成之后，香客和游客趋之若鹜，其中不乏达官显贵和名流贤士。于是，龙门石窟范围内的石壁上，出现了大量包括额匾、楹联、题记、诗文等在内的摩崖题刻。至民国末年，已达66处之多。其中，额匾11，楹联18，题记19，诗文18（不含三清阁和避暑台）。

欣赏和解读这些摩崖石刻的精品，了解它们无言讲述的生动故事，体味前人的心境，领悟其间蕴含的哲理，是游览龙门石窟的重要内容。因为，只有把观览美丽的自然风光和欣赏深厚的人文景物相结合，才能真正体验到龙门石窟的文化力量。

这里，选择几篇题记，略做介绍。

《凿云华洞达天阁记》

云华洞和达天阁开凿完成后，杨汝兰写了一篇简短的《凿云华洞达天阁记》，由著名书法家钱匡之书丹，摹刻在云华洞的石壁上。该文较为简短，不到两百字，只表达了三层意思，言简意赅。

其一，描述了开凿云华洞和达天阁的主要目的。曰："兹洞据太华之巅，距省治三十里。自麓而上，约十五里。左峙碧峣，右连海口，下临滇池，茫茫五百里，尽在目前。俯视昆州城闾、村舍以及金马诸山，一一罗列如画。洵滇中胜境也。"

其二，记述了开凿的时间，曰："自道光庚子年，由前朱家阁，凿石穿云，另辟斯洞，共历九载，始克告成。"

其三，表达开凿成功的体会。曰："兹洞之成，有谓全凭人力者，有谓神功默助者。皆非也。《书》云：'工人其代之'，于兹有焉。"

凿云华洞达天阁记

所谓"天工人代"，即是说人力尽管有着巨大的智慧和力量，但"合乎自然之理"始终是高悬于人工造物行为之上的至高准则。没有罗汉崖独特的自然地理条件，人力无法创造如此胜景，而没有持之以恒的人力智慧，罗汉崖还是那个不可登临的罗汉崖。也就是说，凿云华洞和达天阁的开凿，是一个"天人合一"的典范，是人力智慧与自然法则相结合的产物，体现了山川灵气与人文精神结合的至高境界。

钱匡之的书法也写得潇洒大气，笔走龙蛇，把工程竣工的喜悦、艰辛和"天工人代"的豪迈挥洒得淋漓尽致。

一位清官的就职誓言——“心迹双清”

“心迹双清”题刻在凤凰岩石室北侧的一个小平台的岩壁之上，因其不在主要游路上，很少引起人们的关注。然而，就在这方不太起眼的题刻后，站立着一位清末时期的杰出清正官员。简短四字，记载着他不平凡的人生。

“心迹双清”的撰书者林绍年是福建闽县人。清同治十三年（1874 年）29 岁时考中进士。当过授翰林院编修、考官等。清光绪十四年（1888 年）改任御史时，就以极谏慈禧修颐和园而名噪四海，成为当时罕见的“老佛爷也敢惹”的人物。

林绍年的劝谏自然没有效果，而且随即被逐出京城，降级下放到边远的云南昭通当知府。来到边陲的林绍年没有气馁，迅即展现了治理地方的才干，受到时任云贵总督嵩蕃的赏识和保荐。对于他的“冒犯”，老佛爷也没有再深究。于是，清光绪二十六年（1900 年）林绍年升迁云南布政使。

布政使掌全省民政、田赋与户籍等事，其地位仅低于总督和巡抚。上任伊始，林绍年游览了风光无限的西山滇池，题写了“心迹双清”四字，镌刻于峭壁之上。

❶ 林绍年光绪二十六年（1900 年）的题刻“心迹双清”

❷ 林绍年

心，即内心，思想；迹，即行为，所作所为。“心迹双清”意为心灵和作为都要清清白白，不留瑕疵。“心迹双清”已经不仅仅是林绍年的感怀之作，简直就是他就任云南布政使的就职誓词。誓言为官为政，表里一致，清正公平。

两年后，林绍年升任云南巡抚。林绍年任云南巡抚仅仅两年，政声颇佳。其中，他跟上历史潮流，以开放的眼光，冲破边远云南荒闭目塞听的状况，开创了选派大批留学生出洋留学的先河，尤为人们称道。

林绍年还有一奇特之处，就是主动上书朝廷，奏请裁撤自己云南巡抚的官位。当时云贵总督管辖云南、贵州两省，而两省又各设巡抚。而云贵总督常住昆明，于是昆明出现了既有总督衙门、又有巡抚衙门的状况。他认为：“督抚同城，往往或因意见参差，公事转多牵掣。现在时艰日亟，督抚尤宜专其责成，自不如即为裁并，以一事权而免推诿。”结果，朝廷准奏，裁撤了督抚同城的云南巡抚和湖北巡抚。林绍年调任贵州巡抚。此后，林绍年曾调回北京，先后任度支部、学部侍郎等，后告老还乡，1916 年病逝于福州故里。林纾《祭文》中云：“吊公生平，来明去白，匪瑕匪玷，是曰完璧。”证明林绍年誓言实现了他“心迹双清”的心愿。

清末状元袁嘉谷的两方题刻，两种心境

清末状元袁嘉谷两次与家人于清光绪二十六年（1900 年）和民国十四年（1925 年）浏览西山。留下的《篆刻记游》和《碧鸡旧题访禺同》诗刻。

袁嘉谷的《篆刻记游》位于凤凰岩石室的南侧石壁上，在“一径飞红雨”题刻之下，李根源题记的右侧，不大，全文仅 27 字，又全为篆字。全文为：“光绪庚子孟秋朔，石屏袁嘉谷奉母来游，家人从，题字镌岩与山永寿。”

从简短的文字看，这是清光绪二十六年（1900 年）农历七月初一，袁嘉谷及家人陪同母亲游览西山并祝愿母亲长寿的题刻。当时的袁嘉谷，年方 28 岁，虽然在光绪二十年（1894 年）乡试中名

袁嘉谷光绪庚子孟秋篆书

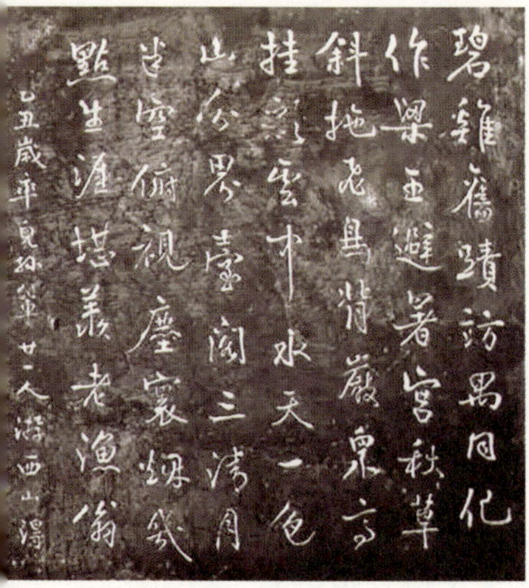

列前茅而有点名气，但在清光绪二十四年（1898 年）进京参加戊戌科会试时名落孙山，铩羽而归。不过，此次进京，袁嘉谷亲历了康有为、谭嗣同等组织推动的戊戌维新运动，受其影响，参加了维新组织“强学会”和“公车上书”。因此，对于此次落榜，袁嘉谷并不气馁。曾有诗句云：“丈夫不作楚囚泣。”

袁嘉谷回滇后，与夫人一起回到石屏，将母亲迎奉到昆明，一同租住于土主庙街。

袁嘉谷的母亲徐太夫人出身于书香门第，熟读诗书。19 岁嫁入袁家，共育有七个儿子，一个女儿。袁嘉谷是老五。袁嘉谷的父亲袁德洋于清光绪十四年（1888 年）病卒后，她含辛茹苦，操持家务，服侍公婆、抚育儿女。此次到昆明，也是为了照料袁嘉谷的家庭生活，以支持袁嘉谷在经正书院继续苦读。那时，袁嘉谷的第三个孩子将要出生。袁嘉谷的这块题刻，不仅充分表达了对母亲的敬重之情和踌躇满志的稳沉，而且展示了他早期的书法艺术。

三年之后的清光绪二十九年（1903 年），袁嘉谷取经济特科一等第一名，名魁天下，成为云南历史上独一无二的状元。昆明城聚奎楼悬挂总督魏光焘榜书“大魁天下”匾，袁嘉谷一时风光无限。

1925 年，袁嘉谷又在凤凰岩石室内留下了一方诗刻——《碧鸡旧题访禺同》诗刻。诗云：“碧鸡旧迹访禺同，化作梁王避暑宫。秋草斜拖飞鸟背，岩泉高挂彩云中。水天一色山分界，台阁三清月半空。俯视尘寰烟几点，生涯堪羡老渔翁。”

此时的袁嘉谷，已经 54 岁。二十二年间，袁嘉谷的人生旅程随着国家风云激荡的历史变革跌宕起伏。

袁嘉谷 1925 年诗刻

袁嘉谷中经济特科“一等第一名”后，授职翰林

袁嘉谷

院编修，历任云南留学生监督、学部副提调、学部图书编译局局长、浙江提学使、浙江布政使等。然而，正当袁嘉谷仕途前景看好之时，清宣统三年（1911 年）辛亥革命爆发，结束了清王朝的统治，袁嘉谷的仕宦生涯也戛然而止。1912 年，袁嘉谷携家眷回到了故乡云南。时年 40 岁。

袁嘉谷返滇后，因其才学、名望和人品，先后被聘为省参议员、云南盐运使、省政府顾问等职。其间还曾作为云南省国会议员代表赴京议事，但均无实职实权。从此把才华和智慧倾注于云南历史文化事业，致力于“滇学”研究。并取得丰硕成就。

《碧鸡旧迹访禺同》撰书之时，袁嘉谷回昆已有 13 年。时年 54 岁的袁嘉谷不仅是东陆大学（云南大学前身）的教授，而且在翠湖边建盖了住宅，安居乐业，儿孙满堂。这一年，袁嘉谷被委任为云南盐运使。不过，此时他对当官早已失去了兴趣，因此，他在诗中除了追寻历史典故，赞颂美景，还表达了“俯视尘寰烟几点，生涯堪羡老渔翁”的人生态度。

两块题刻，反映了袁嘉谷不同时期、不同际遇时的心境，耐人寻味。

“提倡祀孔”题刻与“高山仰止”楹联

龙门石窟范围内现有陈荣昌的三方题刻。

1. 清光绪二十六年（1900 年）书施有奎题游西山诗刻。

2. 清光绪二十八年（1902 年）书《太上老君感应篇》。

3. 民国十七年（1928 年）的题刻“提倡祀孔”。

陈荣昌（1860年—1935年），字小圃，号虚斋，晚号困叟，昆明人。清末民国时期著名的书法家，诗文被公认为“滇南一大手笔”。陈荣昌是晚清进士。历任翰林院编修，武英殿纂修官、国史馆协修官、山东及贵州提学使。辛亥革命后回滇，任云南经正书院山长、云南高等学堂总教习。以后除任云南劝学会会长外，曾任云南国学专修馆馆长。

陈荣昌

陈荣昌上述三方题刻，前两方书刻得较早，那时他在外地当官，大约是应托之作。其中所书《太上老君感应篇》即是应住持龙门石窟云华洞和达天阁的开凿者杨汝兰所托。而“提倡祀孔”四字不仅位置比较奇特，刻在凤凰岩石室的顶部，而且背后有一段故事。

“提倡祀孔”题刻于1928年，后有“赠李仲镜自由祀孔”8个小字。说明此题刻是专门题赠李仲镜，赞扬他的“自由祀孔”。

李仲镜是曲靖人，原是陈荣昌在经正书院的学生，当时51岁，是昆明“五洲大药房”的老板。那么，为什么当时已经68岁的老师要在西山题刻赠自己的学生呢？这是因为李仲镜作为一儒生，经商成功后，为人处世仍处处以孔子的言教为准则，成为一儒商。

1927年6月，中华民国大学院通电各教育机关废止祀孔。1928年，国民政府明令废除“祭孔”，而李仲镜挺身而出，提倡并举行祭祀孔子的盛会，陈荣昌听说后非常嘉许和赞成，于是在西山题刻予以表扬鼓励。

在全国各地的反对下，国民政府当年底即通告称，官方的“祭孔”虽然废除，但民间仍可在孔子诞辰举行各种纪念活动。由此，昆明地区一些民间组织了大成圣会，每年在孔子圣诞这天组织祭孔活动。即使抗日战争时期也未停止，使得祭祀孔子得以继续。

1939年春，李仲镜登临西山龙门远眺，“浪迹滇池沧桑

❶陈荣昌“提倡祀孔”题刻

❷李仲镜联

兴感”，遂化用宋朝陆游的《游西山村》诗句“山重水复疑无路，柳暗花明又一村”和唐朝常建的《题破山寺后禅院》“曲径通幽处，禅房花木深”诗句，撰题了“高山仰止疑无路，曲径通幽别有天”对联，请昆明人雷宣书丹，镌刻于达天阁石柱上。

该联不仅精妙地描写了龙门石窟的胜景，而且表达了遇到困难不气馁的人生哲理，从而受到世人的推崇。但很少有人知道，该联其实也是李仲镜对陈荣昌“提倡祀孔”题刻的回应。

龙门石窟范围内的楹联中，意境不凡、意味深远的上乘佳作甚多。如清咸丰年间的“仰笑宛离天尺五，凭临恰在水中央”，1918 年摹刻的明代兵部尚书傅宗龙草书“一径飞红雨，千林散绿阴”以及 1930 年著名书画家、园艺家赵鹤清书刻的楹联“举步艰危，要把脚跟立稳；置身霄汉，更宜心境放平”等等，都留给人们美的享受和无限的遐想，让游人细细品味。

为边隅荒徼　开千百年文教

——一代文宗杨升庵的西山情怀

清代王照称道杨升庵“为边隅荒徼，开千百年文教”。民国时期由云龙编纂的《高峣志》序云：“碧鸡书舍之辟，高峣一隅之文化，乃濡染于全省。考《升庵全集》及志乘诸书所载，诗歌韵事涉及高峣者仍多，尤未可听其湮没不彰。”

明嘉靖三十七年（1558年）十二月二十三日，昆明罕见地下起了大雪。滇池雪花弥漫，西山银装素裹。在“雪满昆池胜画图”的美景中，西山脚下高峣村的村民家家都按照流传千年的习俗，开始祭灶，迎接春节的到来。

然而，在村后的一座庭院中，有一位老人却怎么也高兴不起来。几天前，他才从四川泸州被官府押解至此。年高体衰以及长途跋涉的辛劳使得他一病不起。雪花飘飘，压满翠竹，寒风阵阵，吹皱池水。他躺卧庭院中的广心楼，思前想后，悲从中来，吟诗一首《广心楼夜宿病中作》曰：

落阱重逢下石人，七旬衰病命逡巡。
藤萝深箐猿猱穴，瘴疠究山虎豹邻。
枯木几时沾雨露，戴盆何地见星辰。
元夫幸遇暌孤日，寂寞寒灰也望春。

然而，他的春天在哪里？

春节刚过，这位病中的老人又被押解至千里之外的永昌戍所。直至六月病危时才被送回西山高峣寓所。虽然云南巡抚游居敬闻讯后，立即遣医诊视，但已无力回天。七月六日凌晨，游丝一息中的这位72岁的老人，举起毛笔，艰难地写下《临终绝笔自赞》：

> 临利不敢先人，见义不敢后身。谅无补于事业，要不负乎君亲。遭逢太平，以处安边。歌咏击壤，以终余年。天之顾畀，厚矣笃矣。吾之涯分，止矣足矣。困而亨，冲而盈，宠为辱，平为福者耶！死亦不忧，生亦不喜，生顺死安，可谓云尔。

写完之后，老人悄然而逝。笔管落地有声，仿佛一声长叹。

古语有云：“鸟之将死，其鸣也哀；人之将死，其言也善。”这篇语调铿锵起落有序的《临终绝笔自赞》，是这位老人对自己一生的总结。从中，我们可以看到他“临利不敢先人，见义不敢后身”的高尚品格，看到他“遭逢

❶ 高峣村旧貌

❷ 升庵祠旧貌

太平，以处安边”的不幸遭遇，看到他“歌咏击壤，以终余年”的人生态度，看到他“困而亨，冲而盈，宠为辱，平为福”的人生追求以及“死亦不忧，生亦不喜，生顺死安”的豁达与乐观。

当然，如果你不了解老人的身世，你就很难理解其中的大义节操，很难体会其中的酸甜苦辣。

才华横溢状元郎

滚滚长江东逝水，浪花淘尽英雄。是非成败转头空，青山依旧在，几度夕阳红。

白发渔樵江渚上，惯看秋月春风。一壶浊酒喜相逢，古今多少事，都付谈笑中。

这首大家熟知的《临江仙》，长篇小说《三国演义》用作开篇词，以其豪迈的气魄、铿锵回肠荡气的语言，历来不知感染和打动了多少饱经沧桑的心！电视剧《三国演义》用作“序歌”之后，近年来又广泛传唱。然而，很少有人注意到它的真正作者是谁。

多年来，当人们经常用“天气常如二三月，花枝不断四时春”来形容昆明四季如春的良好气候，也有许多人并不知道是谁写下这如此精辟的佳句。

当我们把昆明称之为“春城”，并以此自豪时，也很少有人注意到，历史上第一次将昆明称之为“春城”的人是谁。

他，就是明代著名学者和诗人、流寓云南达35年之久的四川新都人杨慎。也就是前述《临终绝笔自赞》的作者，病逝于西山高峣的那位老人。

《临江仙》是他所作的《二十一史》弹词第三章《说秦汉》

杨升庵画像

的开场词，而“天气常如二三月，花枝不断四时春”出自他的诗作《滇海曲十二首》之一。“春城”则是他在《春望三绝》中描写昆明元宵节的一句诗：“春城风物近元宵，柳亚帘拢花覆桥。”这是目前所知的最早把昆明称为“春城”的诗句。

杨慎，字用修，号升庵，四川新都人。升庵自幼颖悟好学、才思敏捷、诗文俱佳。相传五六岁时在家乡桂湖附近一个堰塘里游泳。县令路过，他居然不起来回避。县令命人把他的衣服挂在一个古树上，并告诉他：“本县令出副对子，如果你能对得出，饶你不敬之罪！”县令刚念完上联：千年古树为衣架。升庵即对出：万里长江做澡盆。县令叹服，赞他为神童。

明武宗正德六年（1511 年），升庵入京会试，“殿试第一”，高中状元，照例授予“翰林院修撰”的官职，这年他 24 岁，是明代四川唯一的状元。此时展现在他面前的是青云直上、高官厚禄的锦绣前程。然而，他却又是一位坚持原则，刚正不阿，不肯俯仰随人之士。十二年之后的明嘉靖三年（1524 年），便因 “议大礼”事件被贬谪充军云南，从而改变了一生的命运。

由谪戍罪犯到文化大师

明嘉靖四年（1525 年）年二月中旬杨升庵被押解至永昌（今云南保山）。

流放云南时杨升庵正当壮年，37 岁。这不仅对杨升庵的仕途是毁灭性的打击，对他壮志未酬的父亲杨廷和及有着“尚书女儿知府妹、宰相媳妇状元妻”荣耀的年轻的 26 岁妻子黄峨来说，无疑也是残酷的。黄峨在《寄外》中写道：

雁飞曾不度衡阳，锦字何由寄永昌？
三朝花柳妾薄命，六诏风烟君断肠。

曰归曰归愁岁暮，其雨其雨怨朝阳。

相闻空有刀环约，何日金鸡下夜郎。

与黄峨凄苦哀怨的心情相比，杨升庵虽然也有悲愁和对亲人的无尽思念，但还比较豁达。杨升庵作为状元以及在“议大礼”事件中表现的不屈精神普遍受到读书出身的官吏们的尊重，加之其父杨廷和的名望，虽然身系罪犯，还得到统治云南的沐氏家族等地方官吏和社会名流的关照。因此杨升庵到达永昌之后不久，因其“扶病驰万里，惫甚。抵戍所，几不起”，便被安排到安宁居住休养。此后，杨升庵除不时在戍所永昌居留外，还能到云南各地游历考察，修书治史，设馆讲学。昆明、安宁、晋宁、楚雄、大理、巍山、剑川、丽江、建水、开远等地，都有他的行踪。故云南有“高踪何处不升庵”之说。

杨升庵在35年的流放生活中，身处逆境，不甘沉沦，在云南山水及人文精华的滋润中，孜孜不倦地写作和研究，著述达400余种。杨升庵的著作内容广泛，涉及哲学历史、音韵语言、词曲戏剧、金石书画、天文地理、医学生物等等。《明史》说：“明世记诵之博，著作之富，推慎为第一。”《四库全书总目》评论他：“赅博渊通，究在明人诸家之上。”也就是说，杨升庵的才华和作品，在明代来说，当推全国第一。

如此一位顶级文化大师长期居留云南，对云南的文化发展产生了巨大的影响。杨升庵在传播中原传统文化，促进内地汉文化与边疆民族文化的交流与融合方面，其功绩不可低估。清代王照称道他“为边隅荒徼，开千百年文教”。为此，杨升庵受到云南人民的尊重和怀念。

此期间，杨升庵为自己取了一些别号，如“博南山人”“博南戍史”“金马碧鸡老兵”等。博南，指的是他流放的地点、博南古道上的永昌（今保山）；金马碧鸡，指的是他长期居住的昆明。

杨升庵著作

升庵祠堂

"金马碧鸡老兵"，这一朴素的外号，形象地表达了这位文化大师对昆明、对西山、对高峣村的一往情深和深厚的情怀。

那么，杨升庵为何与西山结下不解之缘呢？为何到高峣村居住生活呢？这，要从他与高峣村一位名士毛玉的交情说起。

海庄怀故人

毛玉字用成，号琢庵，云南高峣村人。毛玉幼而聪慧，又自刻励，读书无怠朝夜。明弘治二年（1489 年），毛玉考中举人。之后几年间，毛玉捐资买地，在府城昆明创办书院，教授学生。书院除让学童们读书诵诗，还着眼于促进风俗教化，培养学生的高尚品德。

毛玉在高峣村后西山脚下建有一座土墙柴扉、茅亭木楼、水榭曲廊、墨池翠竹、小巧玲珑的园林住宅，取名海庄。

明弘治十八年（1505 年），毛玉考中进士，走上仕途。先是奉修《孝宗实录》，奉使滇黔，访求遗事。归京后授专管送达诏书、册令的

大行人。后调任南京吏科、户科给事中、京城吏科给事中等。所谓"给事中"，是一种专门对官员的言行、奏章等提意见并有监察六部诸司、弹劾百官权力的官员。品秩虽然不高，但有很大的发言权。

毛玉在北京供职时，杨升庵时任翰林院修撰充经筵讲官，二人相识并相处友善。在"议大礼"这场政治斗争中，毛玉由于杨升庵一起同属"伏阙争大礼"的一派。共同的命运使得他们惺惺相惜。

"议大礼"事件中，毛玉以六科之首，被打得皮开肉绽，没有几天即去世。毛玉殁后，杨升庵有《吊毛用成》诗二首，可见他们生前友谊非同一般：

阙下苍茫别，泉台汗漫游。
丹心事君毕，白发我生浮。
四海英雄泪，三年魑魅愁。
临风谁与问，天道信悠悠。

明嘉靖四年（1525 年）二月中旬，杨升庵经长途跋涉，抵达谪戍地云南永昌，后移居到安宁云峰书院养病。

杨升庵到安宁后，毛玉的儿子毛忻闻讯前来探望，又请杨升庵到滇池边西山脚下的高峣村海庄小住，并一同游览滇池。

想到毛玉在"议大礼"事件中的惨死，杨升庵不胜感慨，为毛玉辑《诔忠录》，录其忠行以表彰纪念。明嘉靖六年（1527 年）二月，毛沂手集其父奏议卷送杨升庵阅。杨升庵读后非常悲痛，为其撰《毛琢庵奏议序》，又为其撰《毛给谏玉遗像赞》，称其"抗疏清节，直节劲气。奋弗顾身，独立不惧。仁成一朝，名香百祀"。

从碧峣精舍到紫翠新居

毛忻把杨慎称作"世叔"，视为至亲。他准备邀请杨升庵到高峣常住，并重新改造了自家的住宅。在海庄内增建了旷如亭、云林茅屋、会心亭、翠芳亭等。但此后两年中，由于杨升庵奉命参加平定寻甸府和武定土司的叛乱以及因父亲杨廷和病逝回四川新都老家奔丧，未能前来海庄居住。

直到明嘉靖九年（1530 年）二月，杨升庵回滇后来到高峣村，见到改建后的海庄环境幽雅，非常喜爱，便为之命名为“碧峣精舍”。他作了一篇《碧峣精舍记》，开篇即云：“滇海西斥，舍舟登陆，俗曰高桥。稽之古志，桥实曰峣，以山形似秦峣关，受此称尔。高峣舆碧鸡相望，如箭括。毛东镇（毛忻字号）氏有别庐在其下，精舍之颜，隶古定曰碧峣。”杨升庵还为碧峣精舍建了一个有窗的长廊，取名“萍轩”，有萍水相逢之意。

但是，此次杨升庵仍未在碧峣精舍久住。他的心，还在于云南各地风光景物和人文历史，何况他在安宁已经有了遥岑楼居住。

六年后，明嘉靖十五年（1536 年）的冬天，杨升庵用四川巡抚李心斋所赠资金，将“碧峣精舍”买下并做了精心改造。杨升庵在园内建盖了三玄亭、朝晖楼、一萍轩，开凿了墨池，改建了会心亭。他记到：“余有别业在高峣海岸，景物最为奇胜。”中丞汪公希周题匾曰：紫翠新居，廉宪程公孟明书帖子云：“春酒夜棋难放客，短篱疏竹不遮山。”

杨升庵购置此园后，仍然没有到此长期居住，此后八年间，因各种原因，他辗转于川、黔、滇之间，直到明嘉靖二十三年（1544 年）57 岁时，才在高峣紫翠新居定居下来。他说“碧峣亦吾庐，安宁亦吾宅。屏居三十年，宛如故乡陌”。

升庵对高峣一带的景色有着特殊的钟爱。他按四季早晚不同特点，为附近景观逐一题名为“海庄十二景”，曰：“碧鸡朝霞、华严晚霭、茭塘去帆、水云归棹、罗桥水桩、进耳山带、九寺僧钟、八村渔火、梨园春游、莲花秋泛、东林桂月、南峦松雪。”不久，云南巡抚顾应祥在紫翠新居为升庵构筑广心楼，结立诗社，吟唱其间。紫翠新居一时文人名士聚会，成为云南的一个文化交流重地。

碧峣精舍

此时杨升庵对时、空、人、事之间的感悟，已经奠定了“是非成败转头空”和“古今多少事，都付笑谈中”的理念基础。滇池温柔的清波，西山秀美的茂林修竹，抚慰着他饱经忧患的心灵和备受磨难的身躯。他寓此讲学授徒，著述写作，同时，他还经常与友人畅游滇池、“停舟烟舍”，与友人唱和之作甚多。

对此，民国时期由云龙编纂的《高峣志》序云：“碧鸡书舍之辟，高峣一隅之文化，乃濡染于全省。考《升庵全集》及志乘诸书所载，诗歌韵事涉及高峣者仍多，尤未可听其湮没不彰。”

病逝高峣

杨升庵在紫翠新居安居八年后，明嘉靖三十一年（1552 年）九月，杨升庵得到允许他返回故乡的消息，便离开云南，告别高峣，返回四川。

不过，杨升庵得到允许他返回故乡的消息并不真实，嘉靖皇帝仍不宽宥他，致使杨升庵虽然回到四川，但仍不能回故乡新都，只有长期滞留泸州达六年之久。明嘉靖三十七年（1558 年）十月，由于有人告发，云南巡抚王昺奉命派遣四名指挥至泸州，将已经 71 岁的杨升庵逮械还滇。对此，杨升庵有病中感怀诗一首曰：

七十余生已白头，明明律例许归休。
归休已作巴江叟，重到翻为滇海囚。
迁谪本非明主意，网罗巧中细人谋。
故园先陇痴儿女，泉下伤心也泪流。

十一月十三日，杨升庵一行历时四十日，行程一千多公里，抵达昆明西山高峣。在高峣，杨升庵受到乡邻的热情欢迎与慰问，杀猪宰鸡，一醉方休。升庵醉中有诗纪其事：

至高峣，耆老二十余人烹豚煮酒慰余，醉中作此，见滇俗之厚也：

寒灯社酒醉鸡豚，滇海高峣古义存。
策杖持觞相慰藉，全胜子美在羌村。

然而，乡亲的温情和一时的陶醉难以消释杨升庵内心深处那彻骨的悲凉。年高体衰以及长途跋涉的辛劳使得他一病不起，又经过强返永昌的一番折腾后。于明嘉靖三十八年（1559 年）七月六日凌晨，不幸病殁于昆明西山高峣寓所，享年七十二岁。

杨升庵于明嘉靖三十八年（1559 年）去世后，灵柩被家人迎回新都安葬。七年之后，嘉靖皇帝临死时，留下遗诏，宽赦“议大礼”获罪诸臣。

升庵祠

明隆庆元年（1567 年），杨升庵获准“复职”，赠光禄寺少卿，后来又谥封为庄介公。对于一直对杨升庵崇敬有加的人来说，自此有了公开祭奠他的机会。万历年间，云南布政使刘之龙主持将高峣杨升庵遗留的“紫翠新居”旧庐改建为奉祀杨升庵的祠堂，并置祭田，名“太史祠”。

清康熙二十五年（1686 年），范承勋出任云贵总督。由于范承勋的高祖，也是和杨升庵一同参与“议大礼”而“同日被杖，血涂丹地”并被贬谪沈阳定居的大臣，所以对杨升庵自有一番特别的敬重。于是，范承勋又重修“太史祠”，题额为“碧峣书院”。范

升庵祠内展览

承勋还从普贤寺内搜寻到杨升庵在滇的最早的一幅遗像，“命工摹之，绢素装潢送祠”供奉，并题《杨庄介公遗像赞》，还亲自撰写了《杨庄介公碧峣书院碑记》，称道杨升庵的气节文章。

咸丰七年（1857年），碧峣书院和相邻的普贤寺皆毁于战火。光绪七年（1881年），碧峣书院和普贤寺均得到重建。此次重建，碧峣书院改名“升庵祠”。

重建的升庵祠为四合院，有正殿、两厢及门垣。正殿龛上，塑杨慎坐像，同时，因这里曾是毛玉的故宅，也立毛玉神主牌位，“兼志毛公之节”。门上一联：“夫子之道，鸢飞鱼跃；先生之风，山高水长。”此时，普贤寺也修复了大殿、大悲阁和罗汉堂，但并入升庵祠统一管理。

此后，升庵祠（包括普贤寺）原建筑逐渐毁坏。1986年昆明市文管会重建了升庵祠，建成集中展示其生平事迹的“杨升庵纪念馆”和“徐霞客纪念馆”。升庵祠于2003年12月公布为省级文物保护单位。

文化韵

XISHAN

西山

第二章

古城风采

——数千年往事，注到心头

唐代南诏国建立拓东城，开创了滇池地区城市建设和发展的历史。巍峨俏丽的东西寺塔，留下了古城记忆。清代大观楼的出现，将昆明城和滇池西山融为一体，创造景观文化的范例。孙髯翁大观楼长联横空出世，别具一格，引领一代风骚，惊艳四海。倪蜕翁奇人奇书写春秋，以大一统理念梳理记载云南历史，留下《滇云历年传》，两位布衣文人，为西山文化增添了精彩的篇章。

城市步入近代，西风东渐，巡津新村的那些中西结合的建筑，只是西方建筑文化对我国建筑文化影响的实例，但通过它们，人们仍可从一个侧面感受到那个时代西方文化的冲击和引起的变革。

云间双塔日边明

慧光寺塔和常乐寺塔高大雄伟，美轮美奂，体现了高超的建筑设计和建筑工艺水平。既展现了中原内地佛塔的风采，又融入了南诏佛教文化的韵味，闪耀着文化交融的奇光异彩。

西山区金碧街道办事处辖区内，东西寺塔文化街两端，巍然矗立着两座古塔，这就是全国重点文物保护单位慧光寺塔和常乐寺塔。

慧光寺塔和常乐寺塔是目前昆明城最古老的建筑，已经有上千年的历史，是昆明历史文化名城主要标志之一。

慧光寺塔和常乐寺塔高大雄伟，美轮美奂，体现了高超的建筑设计和工艺水平。既展现了中原内地佛塔的风采，又融入了南诏佛教文化的韵味，闪耀着文化交融的奇光异彩。

慧光寺和常乐寺原为昆明城南的两座相距不远的寺院。由于慧光寺在西，所以俗称为西寺；常乐寺在东，称为东寺。寺内之塔，也就分别称为西寺塔和东寺塔。多年的口口相传，慧光寺和常乐寺的名称鲜为人知，而西寺塔和东寺塔反而成为耳熟能详的通称。

在古代诗词中，诗人们称这两座塔为“双塔”。如元代白族文人王升的《滇池赋》写了昆明八景，其中就有“双塔擎天”一景。云南第一部志书《云南志略》的作者李京骑马刚到昆明时正好雨

双塔雄风（清代）

过天晴，他一眼见到的就是“天际孤城烟外暗，云间双塔日边明”。（《初到滇池》）

明代洪武年间谪居云南的昆山人史谨描述昆明城时，用的是“城南双塔高嵯峨，城北千山如涌波”；明代昆明隐逸诗人郭文登上碧鸡山太华寺，放眼望去，只见“湖势欲浮双塔去，山形如拥五华来”。

清代诗篇中，大观楼长联作者孙髯的《大观楼》诗中有“听唱竹枝来小咏，醉看塔影忽双飘”。其他亦有“海高双塔小，天阔一帆闲”“海果变为田，盛衰阅双塔”“天涵水面浮双塔，地涌波心耸一楼”“片帆影远入云小，双塔烟寒与浪浮”“双塔铃声摇夕照，万家灯火乱寒星”等佳句。

在古代诗人的眼中，远观双塔，飘浮于湖光山色间，缥缈如同海市蜃楼，美不胜收；近看双塔，高峭巍峨，直耸云间，是昆明城繁华的象征之一。

双塔的铃声，伴随着昆明人的朝夕晨昏、春夏秋冬；双塔的身影，见证着昆明的历史沧桑。

那么，古人为何建造双塔，双塔又何以如此美轮美奂，它们伟岸的身影背后，有着什么不为人知的故事呢？

如果历史的时光隧道可以穿越，让我们回溯进入一千一百多年前的鄯阐城。当时的鄯阐城就是今天的昆明城。

幼主避居金碧湖山

唐文宗五年（831 年），某月一天的黄昏，夕阳像一个红色的火轮，在滇池西山缓缓落下。晚霞灿然，为鄯阐城城池楼阁抹上温暖的橘红。辽阔的湖面波光粼粼，美丽而安谧。此时，碧鸡关上，出现了由几乘轿舆和兵马组成的队伍。

这支来自洱海边太和城的队伍，经过十多天的长途跋涉，到达碧鸡关隘口时，终于见到此行的目的地——鄯阐城。美景如画，队伍停了下来，稍做停息。此时，一位衣着华贵的少年走出了轿舆，默默地注视着夕阳下的湖光山色，如释重负般长长地吁了一口气，轻轻地感叹说“终于到了！”

他，就是南诏国第十代国王，年仅 14 岁的晟丰祐。晟丰祐年纪虽小，但登上王位已经有七年。但晟丰祐此行，并不是一般的巡视国土，他打算在鄯阐城长期居留，不想再回到他的国都太和城。

鄯阐城原名拓东城，建造于唐永泰元年（765 年）。经过近 70 年的发展，处于南诏国疆域中心位置的拓东城已经成为南诏国第二大城市，同时，由于国都大理受到北方吐蕃的威胁，南诏第七代王寻阁劝于元和三年（808 年）即位时，将拓东城改名为鄯阐，作为“东京”。

晟丰祐作为南诏一国之主，又被大唐帝国封为滇王，为何要将王族的发源地和权力中心银苍玉洱王都抛在脑后，有意避居遥远的金碧湖山呢？

这，要从当时南诏的国事说起。

南诏是一个多族群共同组成的部落联盟。所谓诏，意即大首领、大酋长。唐朝初期，云南洱海地区出现了六个比较大的部落联盟，史称六诏。其中，蒙舍诏在其他五诏的南部，又称为南诏。唐贞观二十三年（649 年），细奴逻当上了蒙舍诏诏主。由于他选择了“独奉唐朝为正朔”的正确政治路线，得到了唐朝皇帝的支持，被敕封为巍州刺史。此后九十年间，经过细奴逻、逻盛、盛逻皮至皮逻阁四代诏主经营发展，南诏不断发展壮大，终于于唐开元二十六年（738 年）统一六诏，建立了南诏国，定都于大理太和城。皮逻阁亦被敕封为“云南王”，隶属于唐。

南诏国奉细奴逻为第一代南诏王，统一六诏的皮逻阁为第四代南诏王。不过，南诏国建立十二年后的唐天宝元年（742 年），第五代南诏王阁逻凤因受到唐朝派驻云南负责监视与控制南诏的姚州都督张虔陀的侮辱而起兵攻破姚州，杀死张虔陀，在姚州设置“弄栋节度”，成为南诏“六节度”之一。同时，南诏举兵北上，攻占了越嶲（今四川凉山）都督府管辖下的三十余个州县与部落。从此，南诏与唐结怨，由此引发了此后四十五年南诏联合吐蕃（西藏）对抗唐朝廷的局面。为此，唐朝廷多次派大军征讨，均告失败。加上安史之乱，无暇顾及西南，南诏迅速扩展壮大。

直到唐贞元九年（793 年），第六代王南诏王异牟寻才又重新归顺唐朝。异牟寻派大批王室子弟到成都学习汉文化，加强加深了与中原内地的联系，促进了南诏经济、文化的迅速发展。

唐元和（808 年），异牟寻去世后，第七代南诏王寻阁劝继位。他将拓东城改名为鄯阐城。定位为“东京”，太和城作为“西京”。“鄯”为大善，吉利美好之意，阐，意为开辟宽阔之地。“鄯阐”即为吉利美好的宽大之城。

不过，寻阁劝在位仅一年便病卒，由当时年仅 12 岁的儿子劝龙晟继任第八代南诏王。从此王朝大权旁落，朝政被弄栋节度使王嵯颠把持。

王嵯颠为了控制朝政，七年后以“肆虐不道，上下怨疾”的罪名杀害了长大成人的劝龙晟，将劝龙晟 15 岁弟弟劝利晟扶上王位作为傀儡。噤若寒蝉的劝利晟不敢过问政事，除了多次遣使入唐朝贡，得唐赐“南诏王金印”外，便是潜心于佛教，修寺建塔，沉浸于妙香佛国之中。他经常到东京鄯阐居留，欲摆脱王嵯颠的羁绊，结果于唐长庆四年（824 年）莫名病逝于东京鄯阐。年仅 23 岁。

劝利晟死后，他的儿子、仅有 7 岁的晟丰祐成为第十代南诏王。朝政依然由王嵯颠把持。年幼的晟丰祐以清平官赵文奇为国老，印度高僧赞陀崛多和禅师李成眉为国师，学习汉文化、中原书法和佛学，由此打下中原文化和佛学的深厚基础。

时光荏苒，晟丰祐日渐长大。在叔父被弑杀，父亲莫名去世的阴影下，为了保全自己，他一心问佛，研读汉籍经典，绝不过问朝政。同时，晟丰祐也不忘祖父和父亲的心愿，欲将南诏王族的统治中心东迁至鄯阐城，这不仅可以逐步减轻王嵯颠的束缚，而且那里距离中原更近。

于是，唐大和三年（829 年），他下令在鄯阐城修建阐王宫和慧光寺及佛塔。两年后，鄯阐王宫落成，晟丰祐便以巡视之名，来到了滇池之滨的鄯阐城。

艰辛的建塔历程

晟丰祐到达鄯阐城之后，“树碑于金马以纪方物”，记载其山川景物之胜绩，以提高鄯阐城的地位，并从此在鄯阐定居下来，直到唐大中十三年（859 年）病逝。

晟丰祐生前，因仰慕中原文化，欲改变他们蒙氏王族的名字首尾相接的连名制，自称“丰祐”，因此古代史籍中，也常称其为“丰祐”，以下行文中，也以“丰祐”相称。

丰祐抵达鄯阐城时，为他营造的宫室已经完工，慧光寺也粗具规模，但慧光寺塔的建设却进展缓慢。筹划建构的慧光寺塔是一座具有中原风貌的高达十三层的密檐方形砖石结构宝塔，体量巨大。这样高大的建筑在当时的生产力条件下是空前的。虽然为建造此塔，丰祐专门请来了内地的恭韬、徽义、徐立等工匠，但他们面对滇池边湖积平地松软的土层仍然颇费踌躇。建造工作艰难而进度缓慢。

更有甚者，两年之后的唐大和七年（833 年），掌控南诏实权的王嵯颠下令建造大理崇圣寺内的千寻塔，并调正在建造慧光寺塔的中原内地的匠人恭韬、徽义、徐立等前往大理施工。对此，丰祐无可奈何，而这批工匠不敢怠慢，只有停下慧光寺塔的工程，先去大理。直到八年后，大理千寻塔完工，才又返回鄯阐，继续慧光寺塔的建设。此后又经历了八年的建设，直到唐大中三年（849 年），慧光寺塔才建造完工。

慧光寺塔（西寺塔）

从建造过程看，慧光寺塔前后用了二十年的时间，但除去等待的八年，实际施工时间为十二年。当时建塔，据传采用的是“堆土建塔”与“挖土现塔”的方法进行，即采用堆垒一层土修一层塔的方法，塔修好以后，才将土逐层挖去，让塔显现出来。也就是说，建塔必须堆垒一个同样高大的山丘，仅此一项，即可见工程量之浩大。

建成的慧光寺塔是一座十三层密檐式四方空心砖塔，塔高35.54 米，基座为正四边形，边宽 12.5 米。它高大的身躯矗立在大多为一、二层的房屋建筑之中，犹如擎天之柱，显得无比高大雄伟。塔内设螺旋式楼梯转级而上。除底层和最高层外，每层四面各开券洞。夜来塔内燃灯，灯光透过窗洞，灿烂如同天上的星宿。悠扬的铃铎声随风吹送，声闻四野。在佛教信众眼中，塔就是佛的化身，铃铎之声，就是佛音。

此时，已经步入中年的丰祐见此胜景，决心再建一座同样的寺院，再建一座同样的宝塔。于是，经过一番筹划，五年之后，在慧光寺的东边动工兴建常乐寺，并在寺内建造了与慧光寺塔形制一样的寺塔——常乐寺塔。常乐寺塔比慧光寺塔更为高大，增加了 5 米，高达 40.57 米，而最下层边宽收缩了 0.5 米，因此常乐寺塔更显得峻峭挺拔。此次有了之前建塔的经验，仅仅五年之后，常乐寺塔便宣告建成。

不过，就在常乐寺塔建成的唐大中十三年（859 年），丰祐没有来得及尽情欣赏和领略慧光寺塔和常乐寺塔的万种风情，即病逝鄯阐城。年 42 岁，谥号昭成王。

丰祐死后，王嵯巅自任摄政王。但南诏老臣段宗牓认为他将篡位登基，于是设计将其诛杀，结束了这个一代枭雄把持朝政长达半个世纪的历史。

建筑艺术瑰宝

方国瑜先生说“丰祐长居鄯阐城，为巩固统治政权而利用佛教，故是时修寺建塔也”。但是，丰祐最终没能夺回政权，也没有完成“迁都”的愿望，不经意间，却为后人留下了珍贵的建筑艺术瑰宝。

常乐寺塔

双塔采用了中原地区汉传佛教流行的密檐式四方砖塔形

式，体现了中原文化对南诏建筑艺术的影响，但慧光寺塔和常乐寺塔也不是单纯的模仿和移植中原佛塔，与内地密檐式四方砖塔相比较，无论在艺术造型以及构件配置方面都有诸多不同之处。

从造型特征看，内地密檐式四方砖塔轮廓线条较为平直，最宽处是第一层，然后层层收紧，直至塔顶，显得庄严稳重。而慧光寺塔和常乐寺塔塔身最宽处不在第一层，而在塔身约三分之二处，使塔的轮廓略呈优美的流线型，显得流畅而又浪漫灵动。

从构件配置看，由于鄯阐城地下水位较高，慧光寺塔和常乐寺塔基部不设地宫，而在塔顶四方置铜制伽楼罗。伽楼罗又名大鹏金翅鸟，俗称金鸡。传说伽楼罗能降龙，可以镇水患。这是滇密信仰的反映，也是云南佛塔独有的标志。相传这 4 只伽楼罗，在冬春风多季节，还会"喔喔"啼叫，远近都能听到。因此，这两座塔被老百姓俗称为"金鸡塔"。

慧光寺塔和常乐寺塔建成后，一方面满足佛教信众的心理需求，受到顶礼膜拜，另一方面，双塔也成为一道靓丽的景观，塑造了鄯阐城新的城市形象，极大地提高了城市的文化品位。

劫难永生

在漫长的历史岁月中，西寺塔和东寺塔也曾遭劫难。

东、西寺塔步行街

明代弘治十二年（1499 年）十二月初五，昆明发生大地震，致使西寺塔塔刹坍塌。镇守云南的太监刘昶见到此景，立即捐资，委任云南后卫前所镇抚花俊负责组织修缮。花俊是一个磊落能干之人，奉命后即组织工匠，募集其余资金，仅用了一年就将坍塌之处修复，并且按旧制整饰焕然一新。

此后，曾传说此次地震，造成西寺塔倒塌，现存西寺塔是明弘治时期重新建造之物。不过，据明弘治十六年（1503年）十一月所撰的《西寺塔建塔存功记》看，西寺塔修复施工期仅有一年，工匠中也只有泥水匠、铁匠和木匠等。如果西寺塔全部倒塌重建，显然，一年的时间和几位工匠是绝对不可能完成的。当时应当只发生了塔刹倾颓的现象。

不过，两塔之中，东寺塔确实是清代重建之塔。

东寺塔自建成之后，屹立了974年，在清道光十三年（1833年）昆明地震中轰然倒塌。直到五十年后，清光绪九年（1883年）才由总督岑毓英率士民按照原貌重建了东寺塔。据现存的《重建东寺文笔塔暨忠爱金碧三坊碑》载，重建东寺塔时，考虑到其坍塌的原因是“旧基低下，土薄弗坚”，便将东寺塔向东移动了数百步。重建东寺塔工期四年，花费一万七千四百多两白银。于是，东寺塔在人们的视线中消失了五十年之久，重新矗立起来，再现了昔日风采。

东、西寺塔是昆明地区保留至今最早的佛塔，也是最为古老的建筑，至今已有1300多年的历史，而且无论在造型艺术和景观构成方面，东、西寺塔在滇池地区建筑史和景观文化史上都占有极为重要的地位。他们美丽伟岸的身躯，承载着一个古老王国神秘的历史，见证了中华文化的多元与融合，记忆着千百年来昆明民间的传说故事，不愧为祖国的瑰宝。1983年，两座古塔被列为省级重点文物保护单位。2006年5月国务院公布为第六批全国重点文物保护单位。

果然一大观　山水唤凭栏

——文化景观的瑰宝大观楼

大观楼"揽尽昆池胜"，为游人欣赏"近浦遥岑、风帆烟树"的美景提供了一个绝佳的视角。其选址之独到、视野之开阔、景观之优美，取得了突出景观造型艺术成就，成为一道绮丽的自然和文化景观，为后人留下了一笔珍贵的景观文化遗产。

文化景观是人们出于美学原因刻意设计及建造的景观园林或公园景观，是联合国教科文组织认定的一种文化遗产类型，也是我国文物保护的类型之一。

从形式上看，大观楼属于古代传统建筑文化的范畴，但是，由于它独特的地理位置和使用功能，自建成之日，大观楼就是一道靓丽的文化景观，彰显着独具魅力的景观文化。

王继文创建大观楼

那么，是谁创建了大观楼？建造的目的又是为何呢？

这，不是秘密。至今存放于大观楼内的《创建重建大观楼碑记》清楚地回答了这个问题。该碑立于清光绪二十年（1894 年），是佐证和研究大观楼历史沿革的重要资料。

据此碑，让我们回到 300 多年前的那个清晨。

清康熙二十九年（1690 年）初春的一天清晨，昆明城小西门

外，一艘官船从篆塘码头出发，沿着运粮河向滇池缓缓驶去。站在船头放眼四望的官员，是时任云南巡抚的王继文。这一天，他又开始例行“巡察四境，问民疾苦，省耕观稼”的行程。

篆塘樯帆云集，运粮河一片繁忙。两岸田地里，农民正在驾牛犁田，进入春耕。王继文看到经过十年的休养生息和治理，昆明城经济逐渐恢复、社会秩序安定，心情自然不错。

当船经过运粮河到达即将进入滇池的近华浦时，王继文下令停船上岸。这里，或许就是王继文此行的目的地。

王继文当然不是第一次来到近华浦，他早就知道近华浦风光的秀丽，只是此前战乱方息，百废待兴，尚无心细细欣赏观察。

王继文走上岸后，看到近华浦上原有的观音寺已经毁于大火，断垣残壁，一片荒凉。只有水边一间茅草棚，住着几名劫后余生的僧人。

大观楼

王继文走进这座小小的茅庵，询问了僧人的状况之后，带

1

2

着随从对近华浦进行了仔细的查看，流连良久。在他眼中，近华浦仍然“淡烟浓翠，近浦遥岑，蔚然深秀，掩映如画”。于是，一个重修近华浦的心愿油然而生。用今天流行的话说，就叫作“打造提升近华浦景观”。

对近华浦的历史，王继文并不陌生。

这个地方原为濒临滇池草海北滨一个突起的小岛，芳草平铺，垂杨四绕。有史料记载，明代，世袭黔国公沐氏曾在此岛建盖别墅。名曰：西园，又名水云乡。别墅内有君子亭、簇锦楼等建筑物。

明代曾数次大规模地整治海口河，滇池水位下降，使得西湖小岛逐渐与陆地相连，因对岸就是西山的太华山，所以叫作近华浦。明末，沐氏的西园毁于战火，留下一片荒凉。

清初，平西王吴三桂镇滇时期，因原有运粮河淤塞，乃由西门

外开挖一篆塘码头，并由篆塘至近华浦开挖了一条新运粮河。运粮河的开挖，使得近华浦人来船往，热闹起来。于是，清康熙二十一年（1682 年）楚僧乾印来到近华浦，建茅庵一椽，此后，建成观音寺。四方行脚僧人、听经者，往来不绝，近华浦钟磬悠扬，梵呗声闻，进入佛家境界。但不幸的是，没有几年，观音寺便因火灾毁于一旦。

王继文“打造提升近华浦景观”的重要举措，就是“创建一楼，额曰大观。周围添筑外堤，夹种桃柳，点缀湖山风景”。取名“大观”，即形容此处景物的阔大壮观。

王继文之所以创建大观楼，舒藻撰文《创建重建大观楼碑记》说是建一“公余憩息之所”。其实不然，王继文有他的深意和考量。

❶大观楼旧照

❷大观风景

王继文此时有什么打算呢？这在他后来的一篇文章中可以找到答案。

清康熙三十三年（1694 年），晋升云贵总督的王继文捐资修葺西山宝珠寺，并撰写《重修宝珠山能仁寺记》一文，文章开篇即云：“极天下治平之象，熙熙恬恬，于城屋烟村见之。极山水灵奇之致，浩浩窅窅，於松堂云舍知之。使干戈在野，荆棘满前，何以谓之治平？即一丘一壑间，无潭树以发其光，无殿阁以栖其胜，其为山水之灵奇，亦晦矣。而所谓佳山水者，不遭治平时，不得其人力洗烟尘，重新面目，则佳山水之真处，亦不彰。”

这段话说的是：天下太平的景象，从熙攘恬适的城市村庄可以看到。山水灵奇的景致，无论是宏大或是幽深，可从松堂云舍知晓。如果刀枪林立，荆棘密布，怎么能说天下太平呢？一丘一壑之间，如果没有潭水树林为它增色，没有殿阁以供游息，即使灵奇山水，也是晦暗的。而即使美好的山水，不遇到太平盛世，不得到高人去芜存真，重新装点其面貌，则美好的山水的真正妙处，也不会得到彰显。

从中不难看出，王继文创建大观楼不仅仅为了建一憩息之所，也是为了培植风景，彰显山水之灵奇，以彰显“政通人和，世界重新”的天下治平之象。

大观楼建成后，王继文不仅书题了“大观楼”匾额，还撰写了一副楹联：

天镜平涵，快千顷碧中，浅浅深深，画图得农桑景象；

云屏常峙，看万峰青处，浓浓淡淡，回环此楼阁规模。

大观楼匾额

由于大观楼的地理位置居于滇池与昆明城之间，南面是浩渺滇池，隔湖与西山相望，北边为“城枕群山廓面湖，山川风景堪画图”的昆明城。这样，大观楼就为昆明士民就近登高览胜，“揽尽昆池胜”，欣赏“近浦遥岑、风帆烟树”的美景提供了一个绝佳的视角。其选址之独到、视野之开阔、景观之优美，取得了突出景观造型的艺术成就，成为一道绮丽的自然和文化景观，为后人留下了一笔珍贵的景观文化遗产。

王继文先后在云南任职十五年。其间于清康熙三十三年（1694 年），擢云贵总督。四年后去职，加兵部尚书衔。清康熙四十二年（1703 年）病逝。

大观楼建成以后，“高人韵士，选胜登临者无虚日，遂为省城第一名胜。”高人韵士云集，临湖宴饮，登楼歌赋，泼墨吟诗。清乾隆二十五年进士、临安知府王文治有《秋日泛舟近华浦》诗，记述了这一场景：

> 忆偕诗太守，高宴集朋辈。
> 丝竹贯珠玑，篇章出瑰怪。

吟咏近华浦的楹联诗词，有的描绘山光水色，吟风弄月；有的歌功颂德，粉饰“太平盛世”；有的状景伤物，怀古惜今；有的倾诉儿女情长，离愁别恨，其中不乏名篇杰作。在名篇杰作之中，最有名气的，自然就是布衣寒士孙髯翁的 180 字大观楼长联。

大观楼的重建

岁月悠悠，清康熙二十九年（1690 年）王继文创建的二层大观楼经过风风雨雨，至清道光八年（1828 年）已有 138

❶ 皇帝赐匾

❷ 大观楼

年的历史。当时的云南按察使翟觐光看到楼阁已经残损不堪，于是捐资重建了大观楼。此次重建，为增加登高的感受，遂将原来的二层增建为三层，使得大观楼更为壮观，此后又相继修复和重建了催耕馆、观稼堂、涌月亭、澄月亭、澄碧堂等亭台楼阁，从而奠定了大观楼基本形状与格局。

翟觐光重建大观楼28年之后的清咸丰五年（1855年），咸丰皇帝奕詝为大观楼题赐了“拔浪千层”匾。在当时的社会背景之下，这无疑是一大殊荣。

然而，当云南和昆明官绅正为皇上赐匾额手相庆，沉浸在皇恩浩荡之中的第二年，清咸丰六年（1856年）云南回民起义反清，激烈的战斗中，大观楼毁于战火。一片焦土，一代名楼香消玉殒。奕詝赐匾和陆树堂刻写的孙髯翁长联也消失在浓烟烈火之中。

创建重建大观楼碑记

不过，大观楼在昆明人的心目中具有不过或缺的地位，他们没有任凭大观楼在眼前消失。仅仅过了十年，清同治五年（1866年）季春，大观楼就在原址重新屹立起来。

大观楼此次劫后重生，主角是当时的云南提督马如龙。

关于重建大观楼一事，舒藻的《创建重建大观楼碑记》有所记载：“同治三年甲子仲冬，马公操兵演练，舟过近华浦，见其岛屿蔓草荒烟，一片凄凉。垂询海滨父老，答以大观楼被毁原委。公太息弗已。不惜出捐重资，购材饬工，重建经始于同治三年仲冬，落成于同治五年季春，仅及年余，瓦砾之场，依然金碧之区，仍复省城第一名胜。”

马如龙重建大观楼后，附庸风雅，在近华浦门楼撰有楹联：“曾经沧海难为水，欲上高楼且泊舟”，既表达了对大观楼的赞美，也隐约透露了他复杂的心态。

马如龙重建大观楼后，经若干名公巨卿培补，增其旧制，扩其工程，包括周边的催耕馆、牧梦亭等一一得以恢复重建。此后清光绪二年（1876年）大观楼因近华浦发大

1

❶ 大观楼

❷ 郭沫若诗

水发生倾斜，清光绪九年（1883 年），总督岑毓英重修，但未改变原貌。因此，如今我们见到的大观楼，仍为清同治五年（1866 年）的建构，至今也有 153 年的历史。而楼前悬挂的孙髯翁的长联，则于清光绪十四年（1888 年）岑毓英请赵藩楷体重书，刊刻悬挂。

1961 年，现代著名的文学家和历史学家郭沫若登大观楼，即兴题诗一首，精当地描述了大观楼的形胜与长联的关系：

果然一大观，山水唤凭栏，
睡佛云中逸，滇池海样宽。
长联犹在壁，巨笔信如椽，
我亦披襟久，雄心溢两间。

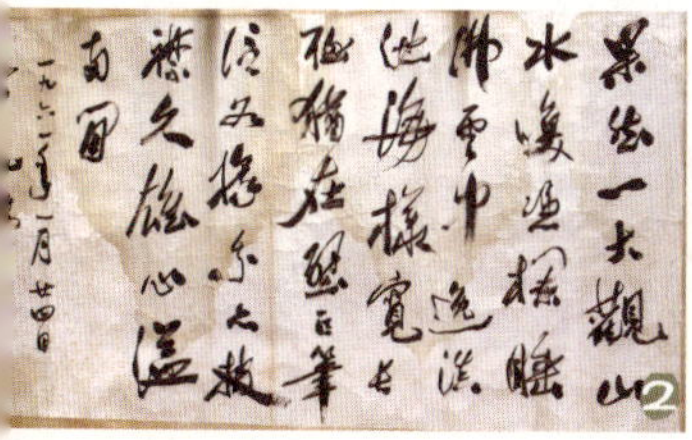

2

大观楼的建筑艺术

如前所述，大观楼的文化价值主要在于景观文化，大观楼建筑就是这一文化景观的支撑点，构架起包括滇池和四周群山以及昆明城宏大的文化自然景观。

作为建筑单体，大观楼与我国同类建筑相比较，虽然并不显得特别高大雄伟，也不以用材的粗壮稀有取胜。在装饰艺术方面，也不繁复豪华。然而，大观楼建筑仍然具有自己鲜明的建筑艺术特色。

大观楼为单体木结构亭阁式建筑。坐北向南，楼阁本体平面为长方形，面阔17米，进深10米，占地170平方米，楼高三层17米。三重檐四角攒尖顶，明黄色琉璃瓦。除一楼墙体外，均为木结构。由于楼高和面阔皆为17米，而且立于占地402平方米的两级石台基之上。四周设有月台，南面通过七级台阶下到地面，楼房显得稳重大方，颇有气势。

2

1

与内地同类建筑不同的是：大观楼的屋面不似北方古建的厚重雄健，又不似南方古建的轻盈秀雅，而是处于二者之间。因此，大观楼屋面坡度较缓，但出檐较大，特别是翼角较为舒展，为支撑翼角，加了撑檐柱。挑檐檩枋头木雕均为象头、花卉图形等，具有鲜明的地方民族文化色彩。

大观楼的彩绘部分并不以北方殿堂建筑的旋子彩画和园林苏式彩画的规制处理，而是二者的结合，而且色彩较为素雅，为雅五墨淡彩，带有浓郁的云南地方特色。

从这些特点看，大观楼也是滇中楼阁建筑的典范，丰富了我国楼阁建筑的多样性。

由于大观楼在景观文化中的突出地位和大观楼长联杰出的艺术成就以及大观楼本身独特的造型艺术，1983 年公布为云南省文物保护单位。2013 年，国务院公布为第七批全国重点文物保护单位。

❶ 大观楼上看西山

❷ 大观楼

铁板铜琶鞑鞳声　髯翁才气剧纵横

——孙髯翁大观楼长联

孙髯翁的大观楼长联文情并茂，浑然天成。行文起承转合，对仗工整，用典贴切，辞深意切，铿锵鞑鞳，朗朗上口。上联写眼前空间景物，气势雄伟且细腻传神，色调鲜活；下联凭吊历史沧桑，由古及今，格调壮怀苍凉。

画龙点睛之笔

在大观楼景观文化中，孙髯翁的长联无疑占有画龙点睛的意义。因为它不仅是大观楼自然与文化景观的高度概括和提炼，而且也因其开中国长联之先河，在我国悠久的楹联文化中有着重要的里程碑地位。

联曰：

五百里滇池，奔来眼底。披襟岸帻，喜茫茫空阔无边。看：东骧神骏，西翥灵仪，北走蜿蜒，南翔缟素。高人韵士，何妨选胜登临。趁蟹屿螺洲，梳裹就风鬟雾鬓。更蘋天苇地，点缀些翠羽丹霞。莫辜负，四围香稻，万顷晴沙，九夏芙蓉，三春杨柳。

数千年往事，注到心头。把酒凌虚，叹滚滚英雄谁在？想：汉习楼船，唐标铁柱，宋挥玉斧，元跨革囊。伟烈丰功，费尽移山心力。尽珠帘画栋，卷不及暮雨朝云。

便断碣残碑，都付与苍烟落照。只赢得，几杵疏钟，半江渔火，两行秋雁，一枕清霜。

孙髯翁的大观楼长联文情并茂，浑然天成。行文起承转合、对仗工整，用典贴切，辞深意切，铿锵鞺鞳，朗朗上口。上联写眼前空间景物，气势雄伟且细腻传神，色调鲜活；下联凭吊历史沧桑，由古及今，格调壮怀苍凉。

每当吟咏这一旷世杰作，跟随着髯翁推上头巾、敞开衣襟的洒脱，在语言铿锵的音调、抑扬顿挫的节奏中，上联把人们带入湖光水色如诗如画的广阔自然空间，在层次分明的幻云梦雾、灵鸟异草、蟹屿螺洲之中，体验到山魂水魄的壮阔之美，韵动之美，色彩之美，生活之美，生命之美。下联笔锋一转，髯翁似乎骤然眉头紧锁、面目凝重，人们的思绪进入幽深的历史隧道。一幕幕壮烈的大剧依次闪现，又迅速消失；一位位帝王豪杰接连登场，又倏然而逝。让人一时跨越经历了数千年，仿佛在苍烟落照、几杵疏钟中，幻化出半江渔火、两行秋雁、一枕清霜的凄清哀婉，从而感受到历史的沧桑、往事的沉重和朝代兴亡盛衰的悲欢。

陆树棠书长联

自然永恒而美好，历史的脚步从未停歇，人类与自然，有着天然的密不可分的关系。往事成古，珍惜现在。这正是长联揭示的生命与生活的规律，也是他的美学理念。

长联挂出后，立刻受到行家的推崇和赞誉，赢得了无数人的陶醉与倾倒。

清乾嘉时学者谢琼在《大观楼题壁》一诗中说：“几度酒酣难落笔，上头题句有髯翁。”清道光年间景东文人程含章写文赞曰：“孙髯翁大观楼长联，才雄气猛，为海内第一杰作。”清道光年间史志学家戴䌹孙评价长联“浑灏流转，化去堆垛之迹，实为仅见”。所谓混灏流转，就是雄浑浩大、流畅圆转，形容写的文章既有气势之美，又有音律之美。所谓“化去堆垛之迹”，指的是用了大量典故，却毫无生硬死板堆砌的痕迹。

清咸丰年间的著名诗人吴仰贤也有诗写道：“铁板铜琶鞺鞳声，髯翁才气剧纵横。楼头一百八十字，黄鹤题留万古名。”“铁板铜琶鞺鞳声”，主要指的是格律和韵律保证了朗读诗词的语言美感。髯翁长联以四言模式为基础，通过在不同位置添加不同数量的领、衬字方法，构建了三组不同形式的同边自对。对仗工丽多姿，格律严谨，声调荡气回肠。

大观楼长联令人百读不厌，余味无穷，历久弥新，叹为观止。不仅受到诗词楹联作家、研究者推崇备至，也如同唐诗宋词中诸多隽永篇章一样，走入寻常百姓家。在昆明，说它家喻户晓、妇孺皆知也并不过分。许多人远道而来寻访大观楼，为的就是欣赏长联的风采，寻找孩提时代就能背诵的这篇长联所描述的美妙的场景，体味其优美的场景意境和道不尽的历史的沧桑。

孙髯翁长联闻名遐迩，也无形中增添大观楼的名气。如同王之涣《登鹳雀楼》诗于鹳雀楼，崔颢《登黄鹤楼》诗于黄鹤楼，王勃《滕王阁序》于滕王阁，范仲淹《岳阳楼记》于岳阳楼，诗文为名楼添彩，名楼为诗文增色。大观楼也因此跻身我国历史文化名楼的行列。

据云贵总督劳崇光在道光年间重刻长联的刻题跋，孙髯翁长联悬挂于乾隆中期。此时大观楼建成已有 60 多年，而孙髯翁已经是 80 岁左右的耄耋老人。当时，长联由昆明名士、著名书画家陆树堂书写，制作为木匾悬挂于楼前。之后没有几年，86 岁的孙髯翁就离开了人世，但这幅长达 180 字的长联流传五湖四海，使他的艺术生命得到永生。

争议见光彩

长联是高度凝练的楹联文学作品，对于其中形象化的表达，不同时代、不同经历的人对其有着不同的理解。例如，对下联的“便断碣残碑，都付与苍烟落照。只赢得：几杵疏钟，半江渔火，两行秋雁，一枕清霜”，就存在着不同的认知。

道光年间的云贵总督阮元认为：“孙髯原联，以正统之汉、唐、宋、元

伟烈丰功总归一空为主，岂不骎骎乎说到我朝。故改为爨长蒙酋，递到吴三桂等人身上，所以扶正而消逆也。”后来有人顺着阮元的看法，也认为这几句联语确实在影射清王朝必将败亡，因此得出了髯翁当时已经“预示着封建王朝不可避免的衰亡命运”。也有人认为，凭着这几句，可以看出髯翁是一位一切皆空的历史虚无主义者。

其实，孙髯翁不是洞见未来的先知，不是反清的志士，更不是历史虚无主义者。这里，孙髯翁不过是用“清寂”来衬托“壮阔”，用“凄凉”映照“靓丽”，以风云变幻的重大历史事件，述说了朝代的兴衰和历史的轮回。这与杜甫的“国破山河在，城春草木深”，李白的“凤凰台上凤凰游，凤去台空江自流。吴宫花草埋幽径，晋代衣冠成古丘”，王安石的“今古凭高对此，谩嗟荣辱。六朝旧事随流水，但寒烟衰草凝绿。至今商女，时时犹唱《后庭》遗曲”，杨升庵的“滚滚长江东逝水，浪花淘尽英雄。是非成败转头空，青山依旧在，几度夕阳红”等，都是同样的心境。这种咏今怀古的心境在历史上正直爱国的文人中，具有广泛的代表性。

值得特别一提的是，髯翁长联完全没有像王勃《滕王阁序》那样，写的都是发生在滕王阁所在地南昌的人物和故事。他丝毫没有提到昆明本地的人物故事，而是站得更高，看得更远，联中所提到的四个历史典故“汉习楼船，唐标铁柱，宋挥玉斧，元跨革囊”等，都是涉及中央王朝与云南关系，都是大历史。以此说明，自汉唐以来，云南就是中华大一统之下青史著称胜地。不仅为云南在中华文化的大坐标中定位，也使得叙事更为宏大，意境更为广阔，从中折射着诗人爱国爱乡的炽热情怀。

一布衣诗人，能达如许境界，值得颂扬。

孙髯翁与大观楼

毛泽东点评大观楼长联

1840年，梁章钜在我国文学史上第一部联话著作《楹联丛话》序言中说，“楹联自唐、五代肇始，千余年长盛不衰，但历代文人、学者囿于传统观念，视为‘小道’，故联家、联语殊少见于史籍。”也就是说，我国的楹联创作虽然历史悠久，应用广泛，长盛不衰，但一直被视为雕虫小技、旁门小道，未被纳入文学正统的序列。但自清代以降，楹联文学进入全盛时期，名家名作层出不穷，成为影响巨大、独树一帜的文学种类。于是，《楹联丛话》收集了上起宋代、下迄清中叶的联家、联人数百，作品逾万。该书还对楹联发展的源起、演变做了一些有价值的考证工作，初步建立了楹联分类体系，展现了我国楹联文化的发展历程和艺术成就。

《楹联丛话》（卷之七）“胜迹·下”一章中，收录了昆明地区的6副楹联，包括黑龙潭硕庆题联：“两树梅花一潭水；四时烟雨半山云。”薛尔望亭题联：“寒潭千载洁；玉骨一堆香。”华庭寺杨升庵题联：“一水抱城西，烟霭有无，拄杖僧归苍茫外；群峰朝阁下，雨晴浓淡，倚栏人在画图中。”翠湖海心亭黄星岩题联：“有亭翼然，占绿水十分之一；何时闲了，与明月对饮而三。”此外便是孙髯翁的大观楼长联和阮元修改的大观楼长联。

梁章钜在《楹联丛话》中收录孙髯翁大观楼长联时，有所点评。

梁章钜评该长联说：“胜地壮观，必有长联始称，然不过二三十余字而止。惟云南省城附郭大观楼，一楹帖多至一百七十余言，传诵海内。虽一纵一横，其气足以举之。”此评实际上确立了孙髯翁长联在楹联史上的历史地位，从“二三十余字”到“多至一百七十余言”，一个“惟”字，证明孙髯翁确实是长联的开创者和拓荒者。至于“一纵一横，其气足以举之”，“一纵”指时间，“一横”指空间，时空结合，时空相应，时空互补，以空间与时间为两条主线，使自然景色、历史沧桑与艺术心灵，融为一体，支撑起充分描写景物和抒发情感的篇章。

不过，梁章钜还对大观楼长联有所微词。认为孙联“未免冗长”，滇中实境“用替字，反嫌妆点”。

然而，有趣的是：正是这两点批评，反而给孙髯翁长联带来了莫大的荣誉。

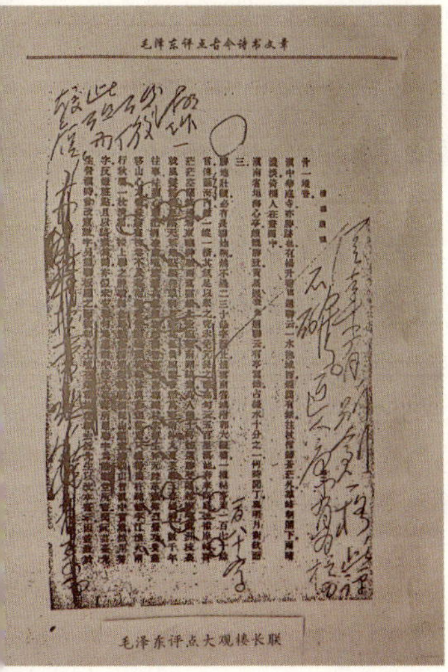

一百多年后，1958 年 3 月，毛泽东到成都参加中央工作会议，看到了辑录在《楹联丛话》里的大观楼长联。他借来三种该书版本对照阅读，从中发现了书中梁章钜点评的错误，并圈点批注。在“一楹贴多至一百七十余言”处旁批纠正为“一百八十字”。在“究未免冗长之讥也”处旁批：“从古来看，别创一格，此评不确。”

至于滇中实境“用替字，反嫌妆点”一说，显然，梁章钜是为他的恩师阮元辩护。因为阮元曾修改孙联，其中将“东骧神骏，西翥灵仪，北走蜿蜒，南翔缟素”，改为“东骧金马，西翥碧鸡，北倚盘龙，南驯宝象”。对此，毛泽东在阮元改联旁批道：“死对，点金成铁。”

“从古来看，别创一格”，毛泽东的这一真知灼见，定格了孙髯翁长联在文学史上的地位和成就，并给髯翁和大观楼带来了殊荣。

孙髯翁其人其事

关于孙髯翁，目前人们知之甚少，在不多的材料中，传说故事多于史料，而且不同出处的史料也有矛盾之处。

不过，据与孙髯翁同时代人师范于明嘉庆十三年（1808 年）纂写的《滇系》和《云南省志·文物志》孙髯翁词条，我们仍可以知道：

孙髯（1688—1774 年），字髯翁，号熙庵，祖籍陕西三原。其父以武职宦滇。髯翁生长在昆明，自幼聪明，博闻强记，喜习诗古文。诗名著称尤早，名重一时。他无意于仕途，故不肯应科举考试。即使时任云贵总督示意云南府太守和书院山长催促，皆遭拒绝。因欣赏梅花的风骨俊傲、不趋荣利的品格，爱栽梅树，自号“梅花大布衣”，自作小印“万树梅花一布衣”。

毛泽东点评长联

髯翁平生熟读经史，品评诗文。广交名士，与名士李因培、钱澧、孙大令，唐药洲、杨梦舫、施竹田等过从甚密。每出游，髯翁总是带着很多书籍，装满他的精神食粮。观者无不指为“孙先生行厨”。

久之，家产耗尽。晚年穷困潦倒，寓于螺峰山圆通寺咒蛟台，以卜易为生，自称“咒蛟老人”。甚至有时求百钱而不可得，经常数日断炊烟。此期间，髯翁生活之清苦可想而知。从下面自叹自嘲诗，可见一斑。

> 枕头肚里是秕糠，耗子因何少得粮？
>
> 咬破任从天替补，空空如也又何妨！
>
> 不是琵琶不是筝，嗡嗡聒耳到三更。
>
> 丈夫不听谗言语，任尔空鸣枕上声。

然而，在这样的生活环境中，髯翁并不自暴自弃，而是随遇而安，安贫乐道，仍然沉浸在他的文学天地之中。

清乾隆三十三年（1768 年），师范拜访咒蛟台，只见髯翁白鬒古貌，兀坐藜床上，如松阴独鹤。壁上挂满了数百条滇诗的零章断句。谈起诗词，髯翁拍案敷陈，目光炯炯射人。

清乾隆三十九年（1774 年），髯翁应经商的女婿所邀，前往弥勒，即病逝于弥勒。安葬于弥勒县城西新瓦房苗氏祖茔地。

孙髯翁墓

髯翁一生醉心于诗文。生平著作不少，但他所著的《永言堂诗集》《永言堂文集》《国朝诗采》《金沙诗草》等，皆佚不存。其他诗作只有《孙髯翁诗残本》中的 80 首诗和《滇南诗略》所收的 20 首诗。现存的大观楼 180 字长联为我国楹联宝库中的瑰宝。

奇人奇书写春秋

——倪蜕和《滇云历年传》

《滇云历年传》12卷，是我国第一部编年记事体云南地方史专著，记述了唐尧至清乾隆元年（1736年）间云南的大事。书中史料极为丰富，来源于历代地方文献、本人见闻、衙署档册等，而且取材严谨、见解独到，具有很高的史料价值和学术价值。

昆明砖城始建于何时，他给出了答案

明代昆明砖城（云南府城）的构筑，是昆明历史上的一件大事。由此奠定了此后至新中国成立初期昆明城500多年的城市格局。然而，昆明砖城始建于何时，却一直存在不同的说法。直到现在，一种比较流行的说法是：明洪武十五年（1382年）明军平定云南全境，镇守云南的沐英请风水大师汪湛海规划设计，规划构建了昆明砖城。

然而，这一年，虽然“元曲靖宣慰司及中庆、澄江、武定诸路俱降，云南平”。宣告了元朝统治云南的终结。但此时征讨云南的战争并未结束，明军继续在傅友德、蓝玉和沐英的率领下，分兵向滇西和滇东北进发，直到年底，明军进克大理、丽江、腾冲，击败滇东北乌撒部，才取得占领云南全境的胜利。明洪武十六年（1383年）三月，明征南大军在傅友德、蓝玉的率领下班师回朝，朝廷命沐英率数万军队留镇云南。

因此，明洪武十五年（1382年），明军征伐云南的战争仍

《滇云历年传》

在激烈的进行之中，而且沐英尚未明确留镇云南，沐英显然不可能在这一年大兴土木，构建昆明砖城。

那么，昆明砖城到底是什么时候开始构筑的呢？查阅历史上云南和昆明的地方志和其他史籍，要么说的就是明洪武十五年，要么语焉不详。只有一本名叫《滇云历年传》的史书，明明白白记载到：“洪武十九年二月，臻洞、西浦、摆金、摆榜诸蛮叛，诏颍国公傅友德同长兴侯耿丙文征云南，悉讨平之。九月，西平侯沐英请置屯田，从之。冬，修筑云南城。”

云南城即云南府城，就是昆明城。也就是说，昆明砖城的始建年代是平定云南四年后的明洪武十九年（1386 年）。

从当时云南的局势看，明洪武十九年（1386 年）动工兴建昆明砖城，当在情理之中。一方面是平定云南的大规模战争基本结束，留镇云南的沐英的精力转而部署屯田、发展生产；另一方面，面对麓川平缅宣慰使思伦发和其他叛乱的威胁，需要构筑坚固的城池。而且明代昆明城池的建置，不是就鄯阐城而改创，是另辟基地而建一形势壮大、规模完备的省会城池。仅城墙的建设就费时八年。后来从旧城墙上，发现有印明洪武二十五年（1392 年）和明洪武二十七年（1394 年）两种字样者的城砖。因此，《滇云历年传》的记述是可信的。近年来，这一说法越来越多地得到认同。

那么，《滇云历年传》的作者是谁？他又如何能够拨开迷雾，提出这一与众不同但又言之有据的观点呢？

他，就是清代学者、史家、诗人、戏曲家倪蜕。《滇云历年传》即创作于他晚年寓居的昆明西郊石鼻村（今西山区马街）。

游幕四方

倪蜕，原名鹏，字振九，清康熙七年（1668年）出生于松江府青浦县薛山（今属上海市）。倪蜕家境困难，至11岁时始得入塾就读。及至弱冠之年（20岁），倪蜕为了生计，踏抱定“行万里路，读万卷书”的志向，开始了游走四方的幕僚生活。

清代的幕僚是由地方主管官员自行招聘的助手，主要工作是从事起草公文、办理刑案、管理钱粮以及其他文书工作。倪蜕的幕僚工作并不稳定，至清康熙五十七年（1718年）51岁时，三十年间，倪蜕走遍大半个中国。这样游走四方的生活状态，使得他深识民间疾苦，饱览世事风云。

倪蜕喜爱和善于作诗，每到一处，都有诗篇留存，这些为数众多的诗篇，不仅记录了三十年中的游踪，而且生动地表达了他的心路历程。

从他的诗篇中可以看到，倪蜕并不满足于稻粱之谋。游走在府衙之中，处于官场的边沿，他的内心，还是充满了成就一番事业的豪气以及壮志难酬的感伤。如《摸鱼儿·岁杪有感题楚署壁》：

又匆匆、年华逝水，一身依旧羁旅。俯视不禁双泪下，拔剑樽前起舞。君试觑，只可惜，溪山如画春无主，消磨尔许。笑公瑾风流，正平豪快，都到断肠处。千秋恨，数了从头数。乾坤常把人误，几个英雄能尽用？何况区区词赋？休浪语，尽不及，他家茅屋团圞住。莺花旧路。重倚最高楼，孤城落照，愁听唱《金缕》。

然而，既无功名、又无官场人脉的倪蜕壮志难酬，漂泊大半生，直到50岁之后来到云南，才找到事业和人生的归宿。

倪蜕画像

定居云南

清康熙五十七年（1718 年），51 岁的倪蜕与他的二哥一起来到云南。居住于昆明西郊石鼻村（今马街）。到云南后，倪蜕做了云南巡抚甘国壁的幕僚。正是这一任职，改变了倪蜕的人生走向。甘国壁交给他的任务是收集云南史籍。倪蜕因此而得以遍游三迤，历经三年艰辛，掌握了许多有关云南山川、物产、历史、文化、风俗掌故的资料。

清康熙五十九年（1720 年），在平定西藏战乱之役中，因云南方向军粮迟误，云南巡抚甘国壁被革职。倪蜕的幕僚工作也随之结束。但此时倪蜕对云南文史产生了浓厚的兴趣，而且年事渐高，倦于奔波。他决定留在云南并在石鼻村买下了一片山林，建盖了居所。因十分同情和仰慕怀才不遇、清高孤傲的唐代散文家刘蜕的遭遇和人品，而取名为“蜕园”，自己也改名为倪蜕。

蜕园所在地为昆明城西约十五里的宝珠山麓。这里远离尘嚣、山花烂漫、清泉奔流、环境清幽。蜕园虽然占地较大，但房屋却仅仅是茅草屋三间，他将这所简朴的房屋命名为“蜕翁草堂”，又在住宅的大门自题自书一联：“茅草屋三间，出由我，进亦由我；丑老婆一个，主是她，仆也是她。”

这里说的所谓"丑老婆"，就是他的夫人邵氏。当时与他一起生活的，还有他的继子和一个女儿。这个继子，是他大哥的第三子。

从此，倪蜕在宝珠山麓的"蜕园"居住著述讲学凡28年，直至1748年病逝。这28年，也是倪蜕专事云南地方史籍考证和整理，而且成果斐然的28年。

旷世奇书《滇云历年传》

倪蜕一生著述颇丰。他在60岁所编诗集的自序中曾记述到："自幼至老，六十年中成章不啻盈万。懒自收拾，故散佚甚多。"60岁以后，更是进入创作的高峰期。

倪蜕的著作大体可分为诗词、戏曲和史地著作三大类。他创作这些作品时，并没有明显的功利目的，仅仅出于兴趣和爱好。他有七言绝句云：

平生怀抱总尘埃，老去还成浮浪柴。
只剩些儿残稿在，他年埋骨一起埋。

然而，不经意间，倪蜕为后人留下了难得的文化篇章。他的诗词"雄豪奇丽，但时时不免透露出壮志未酬的悲凉慨叹"。他的戏曲，舞裙歌板，委婉传奇。尤其是他的史地著作，视野开阔，考证严谨，资料丰富，为史家所推崇。

倪蜕的史地著述中，最有代表性的是清乾隆二年（1737年）69岁时著成的《滇云历年传》。

《滇云历年传》12卷，是我国第一部编年记事体云南地方史专著，记述了唐尧至清乾隆元年（1736年）间云南的大事。其史料极为丰富，来源于历代地方文献、本人见闻、衙署档册等，而且取材严谨、见解独到，具有很高的史料价值和学术价值。其主要特点主要是：

第一，《滇云历年传》突破了传统史志按照内容分类记述的固有体例，是一本独创的按照年代顺序编写的编年史著作。方国瑜教授在其所著《云南史料目录概说》中指出："倪蜕此书，史料繁重，编撰专书，为前所未有之作。"又说，"倪蜕此书，编年纪事始自洪荒而止于乾隆元年，所载史事多注出处，前后事迹之安置，颇具匠心，中多考证，亦见其不苟之作。"

第二，《滇云历年传》的珍贵之处，还在于全书有一条贯串始终的线，那就是"大一统"的大义。全书以中央王朝年号为序，记述云南历史。行文中强烈而鲜明地贬抑分裂，褒扬统一，强调云南应该统一于中央政权之下。因此，对南诏、大理等政权，一律以地方割据势力视之，叙述这段时期历史时，也均为唐宋年号。

第三，《滇云历年传》还有一可贵之处是保存了丰富的珍贵资料。作者引用文献典籍多达 136 种，而其中有的图书早已散佚，多赖此书得以保存。

第四，此书采摭浩博，编排条理井然，引证翔核，论证求实，大多数史料都注明了出处，而且列举了不同的说法，史料价值较高，对研究云南古代社会、经济、政治、文化及民族，均可参考稽核。后人认为此书"立例之精，镕裁之当，皆可取法"。

随着时间的推移，《滇云历年传》的史料价值和文化价值将会为更多人认识，在史学研究和文化建设上发挥更为重要的作用。

奇人奇事

倪蜕寓居云南多年，与乡民多有交往。民间流传着许多关于"倪三怪"的逸闻逸事。

所谓"三怪"，指的是他自订三个规矩：第一，凡是他手拟之文稿，他人不能删改；第二，当日之酬金，当日兑付，不得拖延；第三，每到一衙门任事，他清晨起床便捆好铺盖、收拾行李。若遇到官员对他稍有怠慢或与自己意见不合，便带上铺盖行李立刻走人。这些，都被认为是"怪癖"，于是人们就送给他一个绰号——"倪三怪"。

其实，倪三怪并不怪。文稿不容修改，是一种自信，而酬金当日兑付

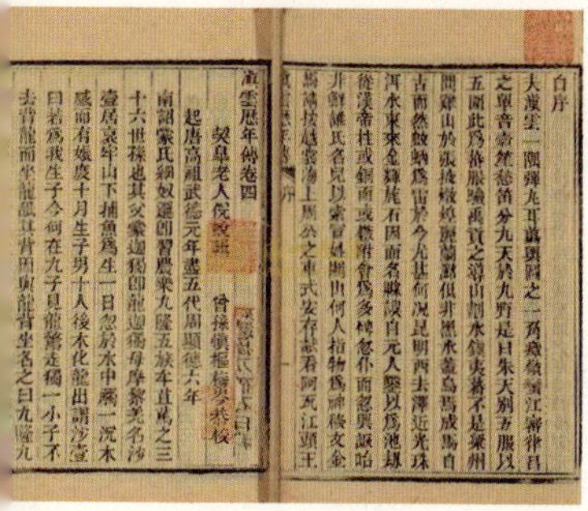

《滇云历年传》内页

和随时准备卷铺盖走人，都是他懒得应付官场拖拉推诿习气而形成的习惯，也是他三十年幕僚生活养成的“职业习惯”。

倪蜕虽然性情孤傲，不喜应酬交际，但居住在周边的穷苦百姓求他写个春联、契约等，他却有求必应，且分文不收。倪蜕又在石鼻村捐银创办了石峰义学，附近的农家子弟都能免费进义学读书。后人为感念倪蜕的恩德，曾立《石峰义学碑记》，以赞颂倪蜕的善举。

云南巡抚张允随慕名多次登门拜访倪蜕，倪蜕对张允随亦十分客气，两人后来竟成为无话不谈的挚友。张允随见倪蜕著述颇丰，却无钱将其付印，便出钱替倪蜕刻印，又在倪宅的大门前立石一方，其上镌刻有“蜕翁草堂”四个大字以及赞颂倪蜕的碑文。碑文中有这样的赞语：“亦曰是儒，死书不读；谓之为僧，活发不秃……天都云闲，来此幽谷；春馥于兰，秋淡于菊。松耶、柏耶，有侣匪独；青山白云，于焉归宿。”

蜕翁 71 岁那年，由于“云南大疫”中被感染，病重至“仅存微息”。结果仅一条腿受损而起死回生。到了 73 岁时，竟“又六时斋粥，手足渐平”，又能写作编书，编订了《倪翁诗集》六卷。真是奇迹。

因此，他在《自题小影》中写道：“这个老儿，有些尴尬。道是乞人，没有绣袋；道是神仙，未离尘界；头上不插草标，身子公然不卖。一味地流波无懈，行云无碍。天下事许多般，自有人担待。说什么深根宁极而待，来来来，俺与你住西山闭门种菜。”

清乾隆十三年（1748 年），蜕翁以 80 高龄去世。这位漂泊大半生的书生，在宝珠山过上了安定的著书立说的晚年生活，为文化宝库增添了珍贵的作品，成就了他的学术地位。倪蜕去世后，安葬在蜕园内。墓坐西朝东。墓碑楷书：“倪蜕翁先生墓堂”。

西风东渐留记忆

——建筑艺术精品盘龙阁

往事如烟，这些房屋当年的主人早已杳若黄鹤，而历经百年风雨，这些房屋建筑依然保留着它那与中国传统建筑大为不同的风貌，见证着昆明城市发展的一段历史，体现着西方建筑文化与我国传统建筑文化的交融与结合。

西风东渐

盘龙江从德胜桥至双龙桥西侧的河岸，明代叫作大河埂，清代称为云津堤。清末民初，由于这里靠近滇越铁路的起点站——云南府站，又在商埠区内，云津堤逐渐形成街道。民国九年（1920年）取名巡津街。此后，不少达官贵人、商贾洋人在巡津街与东寺街之间建盖了住宅，形成了巡津新村。时至今日，这里仍有一幢幢带有欧陆风味的民国老建筑，静静地隐没于闹市之中，留下了“西风东渐”的记忆。

所谓“西风东渐”，指的是十九世纪末期，随着西方帝国主义列强加快了侵略我国的步伐，也带来了西方的价值观、思想、科技以及生活方式等西方文化，对我国文化产生了巨大的影响。在这一过程中，我国人民一方面饱受帝国主义列强的欺凌和屈辱而奋起反抗，一方面有识之士从孱弱的国势中看到了西方文化中的先进部分而对西方文化采取了包容与借鉴的态度，采取了“中学为体，西学为用”的对策，从而产生了戊戌变法、洋务运动等改

良主义运动以及“五四”革命运动等，迎来了我国思想文化的大变革。

西风东渐，对我国的影响十分广泛。巡津新村的那些中西结合的建筑，只是西方建筑文化对我国建筑文化影响的实例，但通过它们，人们仍可从一个侧面感受到那个时代西方文化的冲击和引起的变革。

往事如烟，这些房屋当年的主人早已杳若黄鹤，而历经百年风雨，这些房屋建筑依然保留着它那与中国传统建筑大为不同的风貌，见证着昆明城市发展的一段历史，体现着西方建筑文化与我国传统建筑文化的交融与结合。

盘龙阁

位于盘龙江西侧巡津街的盘龙阁，就是其中典型的代表之一。

盘龙阁原来是一个私家园林住宅静园的主体部分。静园当年占地宽阔，园内花木扶疏。池塘凉亭、小径回廊、藤萝花架点缀其间，除了盘龙阁，还建有网球场、凉亭、车库和停车场等附属设施，为当时昆明地区豪宅之一。

巡津新村裴氏楼

当你第一眼见到盘龙阁，你会被此建筑环境之幽雅、外观之华丽、造型之优美、建构之坚固以及浓郁的中西结合的营造手法所折服。可以说，新颖奇特的盘龙阁建筑见证了昆明城自辟商埠和滇越铁路通车后，受西风东渐影响，传统房屋建筑式样的发展和变化的历程，是中西建筑文化交流与融汇的结晶，具有很高的历史和艺术价值。

盘龙阁其实并非严格意义上的“阁”。在古代建筑中，“阁”是一种架空的小楼房，而盘龙阁则是一字排开九大间的二层楼房。命其名曰“盘龙阁”，是建盖者的主意，还是后人取名，不得而知。不过，这幢楼房的南北两端，凸出了一个三面体的廊台，可以凭眺院内美景，还是有点“阁”的意思。

盘龙阁传统的中式建筑特征，主要体现在屋顶和抱厦雨亭的构造。

盘龙阁为两层建筑，屋顶全为青筒板瓦铺就的传统中式屋顶。由于中部较高，两侧稍矮，两端为三面形阁楼，前设抱厦雨亭，后

盘龙阁

盘龙阁雨亭

接附属平房，这就使得盘龙阁拥有大小不同、高低错落的 5 个屋顶和 16 个翼角。这些翼角均为舒展的飞檐翘角，大有“鸟革翚飞”之感，传统韵味十足。其中，中央屋顶采用了传统殿式屋顶中规格较高的单檐歇山顶，鸱吻、宝顶、戗脊、垂脊齐全。两端则搭配四角攒尖顶屋顶，显得错落有致，丰富多彩。

最为醒目的是，该楼正立面中部前的抱厦雨亭的屋顶，采用与上面大屋顶垂直的单檐歇山式屋顶建构，三角形山花显露正面，屋檐下穿插枋、抱头梁以及檐枋、额枋、垂柱、雀替等遍布精美的木雕彩绘，显得富丽堂皇，雍容华贵。

在此传统殿式建筑主旋律的基础上，盘龙阁西式建筑的韵律感也很有特色，主要体现在墙体的构造、门窗式样和内部装修三大方面。

盘龙阁的墙体一反我国殿式墙体建筑土木结构的传统，全部采用石材砌筑，而且石块大小不一，表面粗糙，有着欧式古堡的浪漫与古朴的风格。当然，最具西方建筑形制的，是盘龙阁的门窗。盘龙阁所有外立面的门窗均采用拱形和长方形两种石条窗框构建，尤其是正立面正门左右各一高大的落地石拱券，将一二层的侧门和开窗连为一体，颇为壮观。

盘龙阁的西方建筑文化元素，还体现在内部空间的分割利用和装修上。楼上楼下除中间三间连通为大厅和会客厅外，其余均做大小不等分隔。室内的转角式楼梯、壁炉等，都是西式。

建造缘由

盘龙阁中西结合的建筑风格，与它原来主人的经历和文化修养有关。

静园的主人名叫李培天，字子厚。清光绪二十一年（1895 年）出生于云南宾川县宾居街。父亲是一位著名的中医。受到家学渊源的熏陶，李培天早年接受的是传统文化教育。中学毕业后，李培天东渡日本，考入早稻田大学政治经济系。求学期间，李培天学习的是西方政治经济理论，深受日本全盘西化的影响。

李培天毕业回国的第三年，1922 年，他的妹妹李培莲与时任滇军第五军军长的龙云结婚。1928 年，龙云登上云南省主席的宝座后，李培天即被任命为澄江县县长，从此步入官场，步步高升。历任云南省政府驻南京办事处处长兼任蒙藏委员会委员，云南县长训练所所长，省民政厅厅长、财政厅厅长。直到 1945 年省政府改组龙云下台后才去职。

混迹官场 17 年，李培天积累了相当的财富。他于 1936 年占用盘龙江边的大量土地建豪宅时，便采用中西结合的建筑理念，营造了静园及盘龙阁。

当时，李培天的这种建筑理念，并非孤例。与此同时，云南警务处处长李鸿谟在尚义街建造的住宅和卸任省防空司令杨如轩在安宁温泉建造的别墅，都采用了中式大屋顶、石砌墙体和西式门窗及内部装修的手法。尽管三座房屋体量、式样各异，但一时之间，昆明地区出现了三座“石房子”，成为一种中西结合建筑文化的时代标志。

雨打风吹烟云散，往事如烟，李培天、李鸿谟、杨如轩的是非功过都已经成为往事，只有他留下的石房子，默默地见证着历史沧桑。不经意间，也为后人留下了一项珍贵的建筑遗产。

建筑遗产

新中国成立后，静园成为中共昆明市委机关大院。盘龙阁成为市委机关办公楼。此后随着经济社会的发展，为适应市委机关办公需要，在大院

内另建了办公楼，但机关领导和干部职工知道盘龙阁的建筑艺术价值，没有将其拆除，而细心呵护，多次加以维修，仍作为部、室办公用房使用。

1995年，高大的昆明市委机关1号楼竣工，盘龙阁为3号楼，成为专门接待贵宾的场所。

盘龙阁作为昆明市保存较为完整的一幢采用中西式建筑手法设计建造的近现代优秀建筑，建筑样式新颖奇特，体现了建筑设计和建造者的智慧，有较高的美学价值和观赏性，反映了地域建筑的历史文化特点，具有较高的建筑艺术价值和历史价值。2002年5月，昆明市人民政府公布为第一批历史文化遗产保护建筑。2011年1月公布为昆明市文物保护单位。

目前，盘龙阁附近，还保存具有西班牙建筑风格的裴氏楼，具有法式建筑风格的9号院、17号院、22号院等多幢建筑，均作为建筑文化遗产得到保护，成为一个时代的城市西风东渐的历史文化记忆。

盘龙阁侧面

文化韵

XISHAN

西山

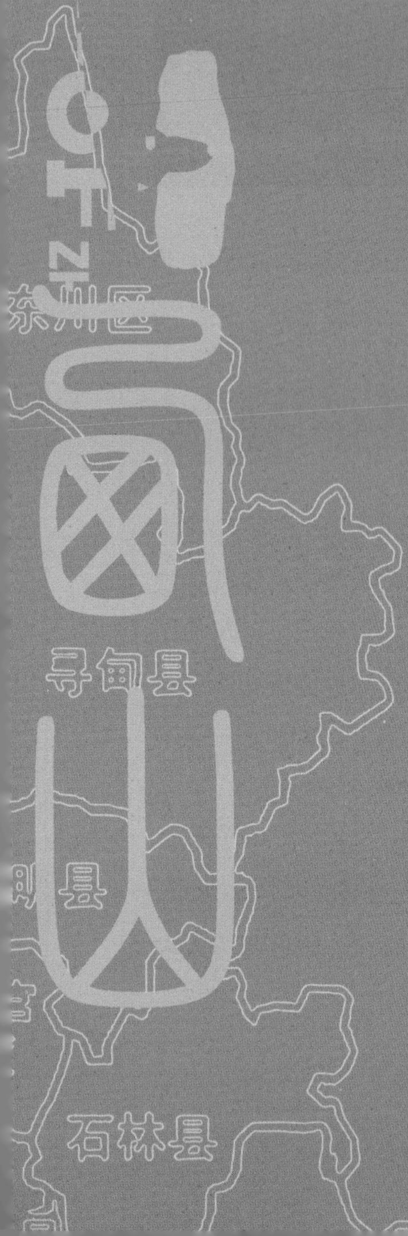

第三章 滇池囊钥　奇河倒流

螳螂川是滇池唯一的出水口，有“奇河倒流”“湖天锁钥”“滇池囊钥”之称。围绕螳螂川的治理和利用，其上游海口水利文化精彩纷呈。

海口历来是治理滇池水患的重点，闸桥结合的屡丰闸无疑是滇池水利文化的结晶和最大亮点。

380 多年前，徐霞客追寻螳螂川源流，在海口进行了三天的考察。他笔下的石龙坝在 274 年之后，螳螂川的激流，碰撞出我国第一座水力发电站，从而拉开了滇池地区近代民族工业文化的大幕。

由于水电、江流和喀斯特地貌，近现代的海口逐渐发展成为重要的工业基地，留下了珍贵的工业文化遗产，云南水泥厂是我国第一座半机械化立窑就是其中一例。

螳川之旅

——徐霞客笔下的海口

这段看似一般的山势地貌的平淡无奇的记录，却显示了霞客惊人的观察能力。这样的视野和视角，在没有航拍和卫星的年代，如果没有丰富的知识和多年积累的经验，是难以想象的。

徐霞客是明代杰出的地理学家、旅行家、文学家。他痛感“山川面目，多为图经志籍所蒙”的状况，决心“究九州内外，探奇测幽”。从22岁起，直到56岁逝世时为止，34年中，他走遍了大半个中国，进行自然地理和人文地理考察，留下了60多万字的不巧著作——《徐霞客游记》。

明崇祯十一年（1638年）十月初一（以下日期均为农历），徐霞客匆匆的步履，再次踏上了昆明的红土地。这是他前往滇南考察喀斯特地貌和追踪南盘江源流之后，由寻甸、嵩明、邵甸，经由松华再入省城昆明，到滇池东南岸的晋城拜访了晋宁州守唐元鹤和晋城隐士唐大来。

十月二十四日，霞客依依惜别了晋宁的友人，准备返回昆明城，带上寄存在城内的行装，前往滇西鸡足山。然而，霞客没有按原路从晋城北上，经安江村乘船就近返程，而是从相反的方向南行，经昆阳至海口，沿螳螂川至安宁，再由安宁折返，经棋盘山回到昆明城。霞客有意绕行的目的十分明确，就是对螳螂川的源流及喀斯特地貌进行考察。

螳螂川系金沙江支流，全长252公里，为滇池唯一出口。螳螂川自滇池流向西北，经昆明市之安宁、富民、禄劝，于禄劝与东川交界处注入金沙江。其上游称螳螂川，过富民称普渡河。与云南众多河流由北向南流向不同的是，螳螂川是罕见的一条由南向北流淌的河流，有“奇河倒流”之称。这，自然引起霞客的关注。

此次考察，历时6天，其中在今属于西山区的海口地区进行了三天的考察探访，留下了4000余字的游记。

这些惜墨如金的文字，不仅是有史以来第一次以地理学家的眼光审视海口山川河流的记载，而且也是极为珍贵的人文史料。300多年后的今天读来，当年海口瑰丽奇特的地形地貌、美丽如画的河山湖泊景观、田畴村落的纯朴风貌历历在目。其文笔流畅清新、描绘精炼形象，不仅给人美的享受，也充分展示了徐霞客不畏艰险、勇于探索的顽强精神和知识渊博的文化素养。

让我们一边阅读徐霞客游记，一边对他的海口旅程做一番追寻。

十月二十四日，徐霞客从晋城骑马北上，沿途考察了石将军、石鱼山、牛恋、赤峒里、渠滥川、昆阳新、旧城等，在昆阳旧城吃过晚饭后太阳已经偏西，前面的路程虽然“杳僻隔绝，行者为畏途焉”，但他没有停留，继续北行，前往他心慕已久的海口。

海口形胜

暮色苍茫中，他登上旧寨村北边一座“南北东三面，俱悬滇海中”的红泥嘴山时，海口出现在他的眼前。他记道：“岭北又有山一支，从水涯之北，亦自西而东，直瞰滇海中，与此

徐霞客画像

岭南北遥对成峡，滇海驱纳其中，外若环窝，中骈束户，是为海口南岭。”

南北两座山岭遥遥相对，构成峡谷，滇池水长驱直入峡谷中。外面好像环形的窝巢，中间并立两山，构成收束的门户。寥寥数语，简练生动，将海口的水环山峙的地理特点描写得形象贴切。

由于天色已晚，徐霞客驱马下山，进入海口坝子。只见“山坞环开，中为平畴，滇池之流，出海就峡，中贯成河，是为螳螂川焉”。

经过南山下的一个村落，徐霞客直接来到螳螂川南边的一个大村庄——茶埠墩。从茶埠墩地名看，这里曾是开有茶铺的地势稍高的码头。霞客记述说：“有公馆正焉，监察御史案临，必躬诣其地，为一省水利所系耳。”也就是说，这里的正街设有公馆，凡有监察御史巡查云南，一定亲自光临这里，因为这里是云南水利的关键所在。

“一省水利所系耳”，淡淡一句，点明了海口在全省水利方面的重要作用和地位。

这里虽然建有公馆，但并非常人能住。即便是当时管辖海口的晋宁州守等地方官员前来巡查，也不得入住。所以来海口之前，晋宁州守唐元鹤曾告诉他，可到柴厂村莫土官的盐店住宿，因为即便是他自己巡视海口，也只能住莫土官家。

但是，一打听，柴厂村距离海口街还有六七里的路程，此时太阳已经落山，加之他打算寻访的海门龙王庙和石城胜景就在附近，于是，霞客决定不去柴厂，就在茶埠墩寻找旅店投宿。

“一省水利所系”
滇池出水口

这一夜，在茶埠墩一个小旅店的昏黄油灯下，听着螳螂川的流水声，霞客展开笔墨，写下了一天的见闻。

如今，霞客留宿的村落还在，但茶埠墩的名称已经消失，现名老街村。

读碑龙王庙

二十五日一早，霞客叫昨天送他的人和两匹马返回晋宁。自己吃过早饭，穿上草鞋，开始了海口的寻幽探胜。今天，他探访的目的很明确，一是龙王庙，二是石城。

经打听，龙王庙不远，就在东边“盈盈一水间”。于是，霞客沿南岸东行1公里左右，来到南岭豹子山下。见南岸水流较大，山体崩塌嵌入水中，而北岸则较为开阔，有村落叫作海门村。江水中有一沙洲，浮在河道咽喉之处，龙王庙就屹立在沙洲之上。但这时渡船在北岸，呼叫渡船而没有人答应。于是，霞客攀爬到山崖的水洞边上，对海口形胜近距离观赏。在湖水、山石中，霞客似乎与之融为一体，怡然自得。陶醉其中，居然忘记了自己在什么地方。

直到北岸海门村的人划船过来，霞客才乘船过河登上沙洲。龙王庙坐西向东，面对滇池。不时有祭祀的香客乘船到此祭拜。龙王庙里没有庙祝，却有很多碑刻，都是明代成化、弘治年及以后所立。碑文主要记述历年巡抚、按察使观察估量、解决安排疏浚海口的情况。所以龙王庙成为巡视官员的首访之地，也是霞客为什么执着地寻访龙王庙来的因由。

《霞客游记》中，没有记述这些碑文的具体内容。但从这些碑文中，他一定了解到：海口螳螂川是滇池唯一出水口，历来有滇池“囊钥”之称，由于河道狭窄，两岸山石泥沙冲积，致使河流阻塞，排水不畅，从而导致滇池溢漫造成洪涝灾害。自元以来，海口一直是滇池水利治理的重点。

石城观奇峰

从龙王庙出来，霞客渡上北岸，开始找寻石城。当时，石城并不出名，当地村民大多不知石城所在。经一番波折，终于打听到石城在里仁村之北，有小路可通。于是，霞客寻路前往里仁村。

里仁村在海门村的西北方向，由于耳山屹立江边，沿江无路可通，霞客只有从耳山的北面山坳前行。途中，霞客看见山坳中有成千上万棵桃树，覆盖山冈、布满壑谷。虽然此时已是深秋，桃树的绿叶也开始凋零，但他想象着这些桃树在早春时节桃花盛开之时“蒸霞焕彩”的情景，不由得嗤笑武陵源、天台山的桃花不过像一束小火把而已了。

关于里仁村，徐霞客也不乏溢美之词。他说：“过桃林，则西坞大开，始见田畴交塍，溪流霍霍，村落西悬北山之下，知其即为里仁村矣。”“村之东，见流泉交道，山崖间树木丛荫。”“村西所循之山，其上多蹲突之石，下多崆峒之崖，有一窍二门西向

海口石城

而出者。”美丽的村庄，奇特的地貌，令霞客为之神往。

从里仁村西行，顺着一条汩汩流淌的小溪向西北方向攀登，霞客终于找到了石城。石城这个地方，外地人都很少知晓，霞客为何苦苦寻访呢？原来，他在晋城时听友人阮玉湾介绍，知道石城并不是人们常说的“城”，而是一处奇特的喀斯特地貌。

关于石城，徐霞客在游记中有颇为详尽的描述。就文字而言，从旧寨村进入海口到离开青鱼村止，在约 3800 余字的海口游记中，石城的文字占了 1300 余字。可见霞客对石城的重视与钟爱。可以说是观察细致，不惜浓墨重彩。

在他的笔下，石城“崖石掩映，不露其影”。外观不太显眼，但内部却极为神奇，“其处而阖辟曲折，层沓玲珑，幻化莫测，钟秀独异。”意思是，这里山石闭合曲折，层次丰富，造型玲珑，变化莫测，集秀美于一身而独具奇异。

在霞客的眼中，石城之奇，首先在于天工造化。该地中部低洼，石峰环绕洼地形成外墙，“围壑之中，底平而无水，可以结庐”，形似一座天然石城；其次，石城之奇，在于他外围的石壁，造型各不相同，东面陡峭的石峰如同森林，西面巨石却如同穹顶覆盖，南面则像灵芝擎起或像云朵卧地，北面石壁都是青色质地黑色纹彩，棱角分明，边缘锋利，像树木分枝、花萼簇拥，而且有曲折的石洞与外界相通；第三，石城之奇，还在于这里不仅奇石千姿百态，而且在东面一片仍然围合的区域内，居然还有天然生成的“规整之门”和“趺坐之龛，架板之床”。

走出石城，在一位当地老人的带领下，霞客攀登上石城后的山峰。视野豁然开朗，往东眺望海门，海阔天空，像明镜一样光亮，往西俯视洼地底部，青绿色的田块瓣瓣可数，无不令人心旷神怡。

在这里，霞客还观察了这里的生物，记载了高原山区特有的一种生物——崖蜂。崖蜂学名黑大蜜蜂，这种蜜蜂在我国仅分布于西藏南部和云南中西部，专挑人迹罕至的崖壁狭小的石洞筑巢。崖蜂采集高山珍稀的植物花蜜，药用价值极高。霞客对此做了细致入微的观察并做了记载。记曰：“崖胁有二小穴如鼻孔，群蜂出入其中，蜜渍淋漓其下，乃崖蜂所巢也。两牧童言：‘三月前土人以火熏蜂而取蜜，蜂已久去，今乃复成巢矣。’童子竞以草塞孔，蜂辄嗡嗡然作铜鼓声。”

登高观览了很久，霞客才从陡峭的北面往东顺着悬崖而下，经过石城东面的石门外时，其景致之神奇，他不由得发出了“让人一步一回首，不忍离去”的感叹。路上遇到的一位老人问他，是不是打算前来建屋居住的僧侣？霞客没有回答，只在心里默默地说，确实，买山建屋居住，没有一处能够超过这里。

耳山览胜境

霞客下山到里仁村之后，没有从原路返回，而是从东南方向直接下到螳螂川江边。江岸边就是临江耸立的耳山。此前在茶埠墩北望时，看见耳山之上有白色的围墙，内有新建的茅屋。他认为这里江水和石山交错一起，山势高深嵌空，其中当有奇胜。于是，他决定登山寻访。在山上，遇见了正在凿崖修路的吴道士。吴道士是海口村人，从前在外面经商，现在返回家乡，寻求清净而在此建屋修炼。吴道士请霞客到屋内坐。不过，此时房屋刚刚建好，尚无塑像供奉，也没有烧火做饭的器具。

在这里，霞客又饱览了一番海口美景。当天的日记中，他以诗一般的语句写道：“坐茅中，上下左右，皆危崖缀影，而澄川漾碧于前，远峰环翠于外；隔川茶埠，村庐缭绕，烟树堤花，若献影镜中；而川中凫舫贾帆，鱼罾渡艇，出没波纹间，棹影跃浮岚，橹声摇半壁，恍然如坐画屏之上也。”

从耳山上下来，霞客从海口村渡过螳螂川，回到茶埠墩昨晚所住的旅店。吃过午饭，又踏上前行的道路。此时，他的目的是调查螳螂川的走向和状况。当天下午，他沿螳螂川西行，途经柴厂村后随江水西北转。

这段路程有十六里，沿途河道逐渐狭窄，川流逐渐加快，江水沿北岸的山脚流淌，而南岸山势层层叠叠，中间有很多小山坳，修筑有堤坝堵住山坳中的溪水。到了距离平定哨 1 公里之处，河流注入峡谷。霞客遂上坡离开了河道。

到达平定哨时，虽然太阳还高，但当地人说前面途中没有旅店，于是他当晚就住宿于当时只有几家人的平定哨。

圆阜特立九子母山

二十六日，霞客起得很早，鸡才叫两遍，大约现在所说的四五点钟，霞客就吃过早饭从旅店出发，继续前行。

天色渐渐亮起来的时候，霞客来到九子母山前。

徐霞客旅行于各地，每到一地查阅地方志和有关地方记载的作品，是他例行的功课。而且，徐霞客跋涉千山万水，尽管所带物品一切从简，但他不忘带上《大明一统志》《名胜志》等必需的书籍以及各种文字资料。因此，他知道九子母山名称的来历：山顶上有九枚石头，比人还高，并立在峰头上，当地人因此建了九子母庙，把九块石头当作九子，因而把山作为九子的母亲，叫作九子母山。他在游记中写道："山不甚高大，圆阜特立，正当水口，故自为雄耳。"

经过观察，霞客认为九子母山系西部的老山山脉延伸到这里之后向东又起一脉，因此隆起了这座独特的山峰。九子母山恰好在螳螂川水道关口突起，阻扼了螳螂川水流，使得河道向东弯曲盘绕，冲破山峡的北面向西坠落，从一层层石级奔流而下。这，就是石龙坝。

激流飞扬石龙坝

石龙者，势若山石中滚滚游龙也，这里的坝，显然不是人工构筑的拦水坝，而是指那些阻滞水流的层层巨石。

可以说，对于螳螂川，九子母山是一个重要的节点。由于此山的阻挡，螳螂川破峡而出，形成30米左右的巨大落差。

在当天的日记中，他记述到：“螳川之水，自九子母山之东破峡北出，转而西，绕山北而坠峡，峡中石又横岨而层阂之，水横冲直捣，或跨石之顶，或窜石之胁，涌过一层，复腾跃一层，半里之间，连坠五六级，此石龙坝也。此水之不能通舟，皆以此石为梗。”

当然，他不可能想到，正是这一激流，数百年后，诞生了我国第一座水力发电站，成为水能利用的鼻祖。不过，这段话成为描写石龙坝的经典语言。此后，凡追寻石龙坝水电站的成因，都会加以引用。

如今，由于九子母山头及其附近建起了众多工厂，连绵成片的厂房改变了山川的面貌，激流飞扬的石龙坝也因发电厂引水渠的修筑而顿失滔滔，霞客笔下景象已经难以寻觅，但他那简练生动的文字，为人们留下了历史场景，也揭示了水电鼻祖诞生的奥秘。

观山探秘

螳螂川流过石龙坝层层石阶之后，水流归于平静，河道也随峡谷向北转。道路则从峡谷西边的山上走。霞客顺着道路往北行。在山坡上，他看见下面远处，有池塘一方，水特别清。一打听，当地人称作青鱼塘，说塘中的青鱼又大又多。他想起《昆阳州志》有记载说，昆阳州平定乡小山下有三个洞，洞中的泉水流出后汇积成潭，潭中有青鱼白鱼，俗称随龙鱼。霞客想，会不会就是这里呢？

往北过了青鱼塘村后，徐霞客往北走 1 公里后转向西北登上一座高高的山岭，极目四望，远近群山尽收眼底。

对此，霞客日记中，用了近 300 字，记载了观览的情况。

记曰："北二里，西北蹑一岭，此岭最高，始东见观音山与罗汉寺碧鸡山，两峰东峙。又北见遥山一重，横亘众山之北，西尽处特耸一峰最高，为笔架山；其西又另起一峰，与之骈立，则老龙之龙山也；东尽处分峙双岫，亦最高，为进耳山，其南坳稍伏而豁，则大道之碧鸡关也。两最高之间，有尖峰独锐，透颖于横脊之南，是为龙马山，其下则沙河之水所自来也。惟西向诸山稍伏而豁，大道之往迤西者从之，而老脊反自伏处南度。老龙之脊，西北自丽江、鹤庆东，南下至楚雄府南，又东北至禄丰、罗次北境，又东至安宁州西北境，东突为龙山；遂南从安宁州之西，又南度三泊县之东，又南向绕昆阳州之西南，乃折而东经新兴州北，为铁炉关；又东经江川县北，为关索岭。又东峙为屈颡巅山，乃折而东北，为罗藏山，则滇池、抚仙湖之界脊也。”

这段文字所记山峰范围极广，北至笔架山，南至江川关索岭，东至滇池东岸的罗藏山，西至安宁龙马山。不仅记载了主要山峰的名称和位置，而且说明了这些山峰的来路和走向。

由此看来，霞客已经观察到眼前这些山峰，并不是同一个山脉，而是分别属于两个不同的山脉板块。其中东边的笔架山、近耳山、龙马山和碧鸡山等，都是东葛勒山即梁王山的延伸，属于云南高原板块，而北部的老龙山则属于来自滇西北丽江至楚雄罗次九岳坪的云岭山脉，属于横断山系。正是由于这两大山脉板块在此相遇碰撞挤压，形成了深长蜿蜒的峡谷，而南高北低的螳螂川，就从这一峡谷中穿过，成为两大山系的分界。这，或许就是螳螂川形成奇河倒流的地理原因。

但是，霞客此时还没有做出明确的结论，因为他的螳螂川考察，还没有结束。

这段文字看似一般的山势地貌的平淡无奇的记录，却显示了霞客惊人的观察能力。这样的视野和视角，在没有航拍和卫星的年代，如果没有丰富的知识和多年积累的经验，是难以想象的。

霞客下山之后，过了武趣河，便进入了安宁地界。一代奇人的海口之行，就此结束。他的身后，为后人留下无限的遐想与思考，他的海口之旅和日记，也成为海口文化的重要篇章。

水利结晶

——海口屡丰闸

屡丰闸不仅是我省、甚至是我国最大的古代桥闸结合的石拱桥，是古代昆明人民治理滇池的结晶，凝结着滇池水利文化的精华。

屡丰闸建立的初衷，主要是为了免除每次疏挖海口河筑坝挖坝的麻烦，但它带来的另一个好处是增加了蓄水的功能，保持了滇池的水位。

水是生命之源，有水的地方才会有生命的存在。“水生民，民生文，文生万象”。水养育了人类，孕育了文化，但水也会给人类带来灾难。在与水打交道的过程中，人们兴利除弊，兴修水利，创造出灿烂的水利文化。

大体来说，滇池地区的水利工程可以分为两个方面。一是围绕流入滇池的20多条河道特别是盘龙江、金汁河、银汁河、海源河、宝象河与马料河等六河的修渠引水，修塘筑堰，维修河堤，疏浚河床以及涵洞设闸的工程；另一方面就是滇池本身的治理。历史上，滇池治理的核心是排水，防止水患。焦点集中在滇池唯一的出水口——今西山区海口。

滇池一度水患成灾

滇池是云贵高原上的一颗明珠，也是昆明的母亲湖，哺育着世世代代的昆明儿女。昆明的经济社会发展，莫不与滇池息

息相关。但是，由于特殊的地理条件和气候特点，历史上滇池也经常水患成灾。

就地理条件而言，流入滇池的河流一共有 20 多条，但流出滇池水的河流只有一条，那就是以“奇河倒流”闻名的螳螂川。螳螂川的上游从海口至石龙坝一段叫作海口河，长 14.4 公里，地势相对平缓，水流缓慢。因其是滇池唯一的出水河道，实为滇池盈涸的瓶颈，有“滇池囊钥”之称。海口河通畅与否以及河床高低，往往决定着滇池水位的高低。

从气候特点看，滇池流域降雨年内分配不均，干湿分明，每年 5 至 10 月为雨季，降雨量占年总降雨量的 80% 以上。而且每过二三十年，都会出现年降雨量猛增或大幅减少的状况。因此，每遇雨季，大面积的雨水汇入滇池，滇池水位迅速上涨，如果海口河排水不畅，即会导致滇池溢漫，将湖滨大面积的田地淹没，甚至漫入城市村庄，造成人民生命财产的巨大损失。对此，古人有诗叹曰：“渺渺竟天边，登高泪眼前。环城三面水，雨匝四重天。村舍难看树，原陆不辨田。一时漂泊者，何处问炊烟。”

唐宋以前，由于滇池地区人口不多，而且多集中在滇池东南岸的丘陵地带，滇池水位的高低，尚不对人们的生产生活存在大的影

屡丰闸老照片

响。到了唐代，滇池水位下降至 1890 米，湖岸退缩至今弥勒寺、螺蛳湾一带，滇池北岸和东北岸的大片土地逐渐露出水面，肥沃的土地给农耕的发展提供了有利条件。随着拓东城的建立和人口的增多，滇池周边村落密布，农业发展，滇池的水患问题开始凸显。由于水患，鄯阐城（拓东城）不得不逐渐向北面的高地移动。当历史的步伐进入元代，每到雨季“昆明池塞，水及城市、大田废弃，正途壅底”。滇池水患的治理，成为经济社会发展的头等大事。

赛典赤疏浚海口河

元宪宗四年（1254 年），忽必烈攻取大理，开始了元朝统治云南 128 年的历史。元至元十一年（1274 年），赛典赤·赡思丁出任行中书省云南平章政事。他将云南省的统治中心迁到滇池地区，鄯阐府改中庆路，城也被称为中庆城。昆明县为附廓县。

滇池唯一天然出水口

赛典赤是位杰出的政治家，决心对滇池水患进行治理。赛典赤审时度势，吸取大禹治水及前人有益的经验，整治水利的指导思想始终立足于“疏导”。

一方面，他组织了对流入滇池的河道进行疏挖，加大排水能力，在北部松花山口修筑了3米多高的松花闸，使更多的水能流入金汁河，极大提高了金汁河的分水和灌溉效益；另一方面，他把治理滇池水患的重点放在了疏浚海口河，以增加海口河的泄洪能力。赛典赤把擅长水利建设的张立道从大理调到昆明任“巡行劝农使”，主持海口河的治理，并派三儿子忽辛协助，拉开了海口河治理的序幕。

张立道和忽辛率领两千多民工，用了3个冬季，趁滇池水位降低之时，清除了海口到石龙坝一带的积沙淤泥，挖开河中的鸡心、螺壳等险滩，把海口河开凿为一条宽20余米、长10公里的河道，使水顺畅流出。

由于险滩的清除，河床的加宽加深，增加了海口河的流量，同时也降低了滇池的日常水位，使得滇池日常水位由唐宋时期的临近1890米，下降为1888.5米。虽然水位仅仅下降了1.5米，但由于湖积平原的特殊条件，滇池水域面积却由5101平方公里，缩减为410平方公里。无意之中，致使100平方公里的土地浮出水面，因而“得壤地万余顷，皆为良田”，无形中为明代大规模的屯垦准备了条件。

三川并流

明朝统治云南276年间，数十万内地军、民、商及流徙的人口进入滇池地区屯垦，人口大量增多，使得元代露出水面的大片土地基本得到开垦种植，促进了社会经济的发展。但大自然，依然按它的规律运转，雨季每年如期而至，泄水流量有限，尤其是海口河两侧山箐的泥石随雨水而下，致使河流阻塞状况依然。从而形成“水退田进、水涨田淹”的循环。

整个明代，对海口的治理仍沿用疏浚的办法，基本形成三年一小挖，二三十年一大挖的规律，先后进行了10余次大的疏挖。其中，以明弘治

十四年（1501年）、明嘉靖二十八年（1549年）的规模最大。

明弘治十四年（1501年），滇池水泛滥弥漫，湖滨膏腴沃壤，浸没十之八九，“民甚苦之”。云南巡抚陈金调动六卫军队和昆明、呈贡、归化、易门四县人民共两万余人。投入挖河疏浚工程。这一次，先将海口河筑坝截流，采取“分段包干，照界疏挖”的办法，对河道中拦水的乱石，“焚而凿之”，进行了清除。“凡阻塞河流者，悉平治而尽去之”。同时，为了防止海口河两岸高山和箐沟洪水将砂石冲入河内，造成“壅塞河道之患”，又在两岸“环筑旱坝十五座”。

疏挖工程结束之后，拆除拦水大坝，水流直下，声如雷鸣，“不数月而滇池之水十已去之六七”。不仅原先被淹没的农田，露出水面，而且，滇池常年水位再降为1888.0米，水域面积缩小为350平方公里，“得池旁腴田数千顷”。这次疏浚，由于中心河道的深挖，海口河中的两个石滩浮出水面，将出水口一分为三，形成三水并流的景观。这两个石滩，当时叫牛舌滩和牛舌洲，即为现在的大中滩和小中滩。

与海口河的疏浚关系最为密切的，当然是老百姓。他们不仅承受着河水淤塞带来的灾难，也承担着工程的繁重劳役。为疏浚海口河，劳动人民付出了巨大的代价。在整治过程中，豪绅地主勾结地方官吏，借疏浚工程占田肥私、强取豪夺、鱼肉

历代治理海口河的碑记

百姓的事时有发生。

48 年后，明嘉靖二十八年（1549 年），滇池再度大雨成灾，巡抚顾应祥又调集两万余人治理海口河。这次治理主要对海口河下段汉厂至石龙坝一段进行疏挖，同时在子河上筑泄水坝 9 座，以障泥沙。工程完工后，海口河下段水流较为通畅，顾应祥请杨升庵撰写了《海口修浚碑记》记其事。碑文 1630 字，记叙了滇池源流，海口形势以及工程项目等，是海口水利工程的重要历史资料。

海口河的不断疏浚，固然解决了一时的水患，但疏浚过程中下挖河床，也使得滇池水位不断降低，久而久之，对滇池生态造成了负面影响。

此后，明万历元年（1573 年）至清道光十六年（1836 年）263 年间，曾九次大规模地治理疏挖海口河，滇池水位下降至 1887 米左右。滇池面积缩小为 320 平方公里左右。

治理滇池的结晶——屡丰闸

清代总结前人治理滇池流域水利的经验，提出新的治理滇池的理论和系统的方案，出现了论述滇池水利的专著，如黄士杰写的《云南省城六河图说》《昆阳海口图说》和徐蹈写的《晋宁水利论》等。在水患严重之时，就连孙髯翁和钱南园也曾著文论述治江方略，表达了一代名士忧民的情怀。

在这一背景下，海口河的治理也出现了新的认识和方法，在海口河上建立闸坝的提议不时提起。

海口河自元代开始疏浚治理以来，至清道光以前，每当大修年代，均先筑坝断流，待施工完毕后，挖开拦水坝以泄水。但是，这种办法也存在弊端，一是耗费大量人力物力；二是拆坝之时，坝体土石仍大部冲入河道之中，事倍功半；三是无法控制滇池水位，旱季时任凭湖水流逝，很难起到抗旱调洪作用。对此，昆明士民早有在海口河修建水闸之议，但都因各种原因特别是所需费用无法筹措而作罢。

❶ 特殊的桥墩

❷ 桥面人马可以通行

清道光十六年（1836 年）秋，海口河复阻塞，滇池水涨，毁民居无数，众多田地无收。因此，再次疏浚海口河迫在眉睫。此次，以闸代坝之议复又提出，而且对于建闸的费用“昆邑绅耆，踊跃捐输”。时任云贵总督伊里布遂与同官集议，决定在海口河建设石闸。伊里布令观察廖敦行、邑令李芬率诸绅耆共同筹划。

石闸选址在距离河口不远的牛舌滩和牛舌洲两个石滩上，分为南、北、中三闸，由石滩连为一体。为便于两岸来往通行，石闸建为桥闸。闸上设宽 3 米的桥面，两旁设拦马石，可以供人及车马通行。桥闸结合，构成了屡丰闸独特的功能和风貌。

桥闸为南北走向的多孔石拱桥，用石材砌筑，计三座，共 21 孔，全长 109 米。18 个桥墩每个高 6 米，宽 4 米。其中，南闸最长，全长 50 米，10 孔；中闸全长 37 米，7 孔；北闸长 22 米，3 孔。所谓闸口，就是一个个桥孔。只不过在各个桥墩东侧的每一面开有两道垂直于河面的凹槽，每个凹槽宽约 30 厘米，深约 20 厘米，由墩面直通墩底。需要闸水时，将厚重的木枋一条条放入两道石槽内，形成两道木墙，然后再在两层木墙中填上土，这样就构成了一道坚实的闸门，从而阻断了水

1

2

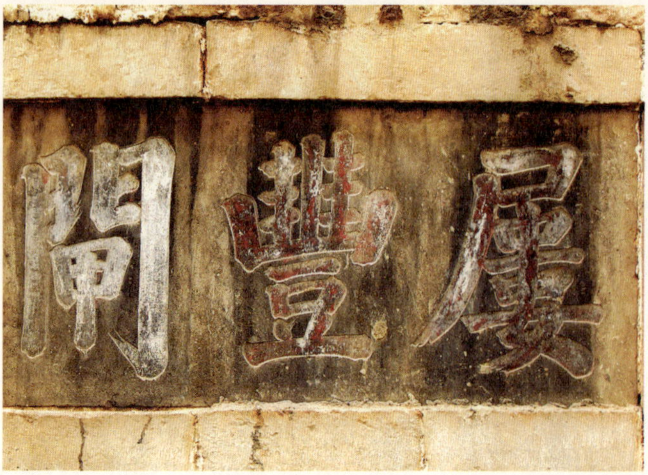

屡丰闸题名碑

流。需要放水时，则先将闸枋中的土除净，然后起枋，水流即下泄。

此次建闸，循例动用四邑民夫两万五千名，用银一万五千有奇。用时仅九个月，石闸于清道光十七年（1837 年）夏完工。

石闸建成之际，云贵总督伊里布认为石闸建成后，“大害水除，大利常新，岂惟滇民之幸，是亦守土者之光也。”遂命名为“屡丰闸”。屡丰，即期盼屡屡丰收之义。不过，由于屡丰闸修造在这两个石滩之上，闸道一分为三，故老百姓约定俗成，俗称为“川字闸”。

以闸代坝，免除了过去筑临时拦水坝档水的麻烦以及拆坝时的泥土淤塞，事半功倍。同时，由于屡丰闸闸面为石梁，宽 3 米，两旁设拦马石，可以供人马通行。因此，自屡丰闸建成后，河中的两个小岛便开始有人居住，逐步成为集镇。名曰“中滩街”。

屡丰闸建立的初衷，主要是为了免除每次疏挖海口河筑坝挖坝的麻烦，但它带来的另一个好处是增加了蓄水的功能，保持了滇池的水位。屡丰闸建成至今 170 多年来，滇池水位基本定格在 1887 米左右，一直没有大的变化。

据目前掌握的资料，屡丰闸不仅是我省、甚至是我国最大的古代桥闸结合的石拱桥。而且由于桥墩设闸门的关系，他的孔径较小，21 孔连缀，半圆形拱圈与高大的桥墩一起构成连串的马蹄形闸口，蔚为壮观。

屡丰闸处于滇池与海口河的接合部，在浩瀚美丽的滇池与两侧山峦的夹映下，如彩虹卧波，如白鹤展翅，形态优美。而且，

❶❷屡丰闸南闸

屡丰闸在滇池水位压力和泄水激流中傲立近两百年，并且经受了多次强烈地震的考验，至今稳固如初，证明其空间力学性能的优越，具有很高的科学价值，显示出我国劳动人民的智慧和力量。

屡丰闸是古代昆明人民治理滇池的结晶，凝结着滇池水利文化的精华。如今，屡丰闸作为水闸的功能已经被现代的电力铁闸所替代，但它古朴伟岸的身躯依然屹立，保留着人行的桥梁功能，见证着千百年来滇池水利建设的重要历史。

水电鼻祖

——石龙坝水电站

这座小小的水力发电站，尽管当时只是一座装机容量仅为 480 千瓦的水力发电站，但它却是我国第一座水力发电站。它的悄然出世，引领时代潮流，像响亮号角，吹响了我国将清洁可再生能源的水能变为电能的乐章，开创了中国水电事业的曲折而辉煌的历史，被誉为“中国水电的鼻祖”。

点亮昆明

1912 年 5 月 28 日，昆明城暮色初降。翠湖，原本已是人去园空的时光。然而，水月轩海心亭却聚集了不少人。人们翘首以盼，等待着一个划时代的时刻来临。

今晚，商办耀龙电灯股份有限公司将在这里举行发电庆典。

7 时 30 分，夜幕降临。主持了庆典的云南总商会代总理陈德谦走上亭台，对众人大声说：“修建石龙坝水电站，乃我云南人民权利所在，为早日建成开灯，刘君岑舫颇费苦心，左君益轩不避艰难，诸同仁协力相助，如是告竣。”

随之，耀龙电灯股份有限公司总理左益轩宣布“开灯即是！”在众人热烈的掌声中，数十盏灯泡同时亮了起来，照亮了翠湖的夜空。同时，分布于全城各地的 3000 盏电灯也大放光芒。

这是一个值得永远铭记的时刻，新时代的文明之光，标志着昆明近代企业的诞生。从此，昆明进入电光源时代，市民逐渐告别了伴随油灯和烛台度过长夜的历史，继上海、北京、广州之后，用上

❶ 中国第一座水电站

❷ 第一车间门前的对联

了明亮的电灯。

此时，远在西山后面螳螂川的商办耀龙电灯股份有限公司的石龙坝发电厂一个小小的车间内，两台 240 千瓦的水轮发电机，在激流的冲击下高速运转，发出嗡嗡声音，为这些明亮的灯光提供源源不断的电力。

令人惊叹的是：这座小小的水力发电站，尽管当时只是一座装机容量仅为 480 千瓦的水力发电站，但它却是我国第一座水力发电站。它的悄然出世，引领时代潮流，像响亮号角，吹响了我国将清洁可再生能源的水能变为电能的乐章，开创了中国水电事业的曲折而辉煌的历史，被誉为“中国水电的鼻祖”。

石龙坝电站，也是我国一个依靠民族资本建设、自主经营的水电站，体现了当时“实业救国”“独立自主”的可贵精神，谱写中国人民不畏列强的重要篇章。在西南一隅，挺起民族的脊梁，铸就了一座不朽的丰碑，是中国民族工业的骄傲。

今天，祖国江河之上，大小水力发电站星罗棋布。我国已经成为世界第一大水电强国，昆明也迈向现代化城市的行列，石龙坝水电站的电力早已显得微不足道。然而，它的历史地位和文化意义却跨越时空，显得那样光彩夺目。作为全国重点文物保护单位，国家重要工业遗产，石龙坝水电站百年沧桑见证了历史，也启示未来，其历史地位及文化价值将与山河共存。

建于1910年的第一车间

实业救国　敢为人先

中国第一个水电站出现在螳螂川石龙坝，并非偶然。它有着得天独厚的自然条件和难得的机遇。

螳螂川是滇池唯一的一条出水河，向北汇入金沙江。全长252公里。螳螂川上游叫作海口河，在西山区境内总长36.5公里。其中海口河从出口至石龙坝长14.4公里的河道槽深流缓，易于淤塞。而后经滚龙坝至石龙坝一段，坡陡流急，势若山石中滚滚游龙，为建设水力发电站提供了优越的自然条件。

清道光二年（1822年），爱迪生在美国创建了世界上第一个水电站——亚伯尔水电站，从而拉开了世界各地建设水电站的序幕。26年之后的清光绪三十四年（1908年），法国外交部驻云南府交涉员公署以其修建的滇越铁路即将通车需要用电为理由，向云南地方政府提出要求，拟在石龙坝修建水力电站。

那时，面对英法帝国主义的入侵，云南人民正在觉醒，奋起反抗，相继爆发了反帝爱国的马嘉理事件，捣毁法国教堂事件以及锡矿工人罢工等一系列重大事件。同时，受到“洋务运动”的影响，建立民族工业的意识已经萌芽。因此，法国人要求在螳螂川石龙坝建水电站一事，受到云南主张“实业救国”的有识之士的强烈反对。

时任云南省劝业道道台刘芩舫顺应人民呼声，为发展民族实业，力主由云南官商合资自办发电站。他向时任云贵总督锡良慷慨陈词说：“法国人借铁路用灯在云南修电站，恐怕是个名，日后大刮我省之财富，此才是实。云南乃中华之边地，历载军事要冲，虽军政开支颇重，财力入不敷出，但国人应有民族之志。可否招商纳股，筹资自办，以壮我云南之实业。”

锡良是一位勤政务实的官员，清光绪三十三年（1907 年）由四川总督调任云贵总督。在四川任职期间，就曾在与外国人争夺路矿权事件中，力主自办并在四川民众的努力支持与不懈斗争下，最终取得了川汉铁路修筑的自主权。

刘永祚的这番话自然引起了锡良的共鸣。锡良说道：“办电站岂容他人复扰，要办就自办，所需银两官筹民集。”于是锡良便以“权利所在未允，旋议自办”为由，拒绝了法国人的要求。

据清宣统三年（1911 年）的统计，当时外国人在中国一共开办了 26 所电厂或电灯公司，发电总量在 1.5 万千瓦以上，占全国发电总量的 55%，中国民族资本经营有 20 所发电站，发电总量为 1.2 万千瓦。但无论谁经营，没一家是利用水力发电。因此，当时能够做出集资自办水电站的决策，还是需要巨大的魄力和敢为人先的精神。

耀龙电灯　股份运作

于是，刘岑舫立即筹划自办水电站。经与云南商务会总理王鸿图磋商，主要由商家招集股本，转咨工商部注册立案。

清宣统二年（1910年）二月十三日，“商办耀龙电灯股份有限公司”董事会成立。王鸿图任公司总董事长。董事会成员有董润章、刘诚、袁嘉猷等十九位，大多为商人。股本总额 25.7 万银圆。

公司取名“耀龙”，表达了人们“实业救国”振兴中华的愿望。

清宣统二年（1910年）正月二十日，商办耀龙电灯股份有限公司董事会向云南当局呈文，请求批准在石龙坝建设水电站。

当时，云贵总督已经是李鸿章的侄子李经羲，他不仅批复同意，而且说：“从今起，二十五年内不许外人来滇办电！”这样，就为外国人在滇办电下了一道禁令。

引进技术　艰苦创业

耀龙电灯股份有限公司成立时，对国外的发电机和发电技术进行了考察和了解。董事会决定向世界具有先进发电技术的国家进行招标采购。经过比选，决定与美国和德国洋行谈判。美国公司（今通用公司）价格较低，但需要进行总承包并垄断技术。德国西门子公司可以转让技术，但价格比美国公司高得多。经过董事会研究，仍决定采用德国西门子公司的产品和技术。虽然价格高，但是中国人可以学习和掌握这门技术，掌握主动权，不能因为技术受制于人。于是，1910年1月，公司与德国礼和洋行签订了购置德国西门子电器公司水力发电机全副机器材料的合同，并向德方聘请技术人员负责指导工程勘测、设计、建筑、安装、生产、管理。费用为17.4万银圆，分三批交银。

第一任总经理左益轩

清宣统二年（1910年）五月，公司董事局推举安徽人、裕丰号绸缎庄老板左益轩为总理，施云卿为协理，负责石龙坝建设工程。同时，经德方推荐，聘请德国水电工程师毛士地亚和电气工程师麦德华任技术顾问。

左益轩受任后，六月二日便同从德国聘请的工程师一起骑马到石龙坝勘察，当即勘定坝、渠、机房的位置，嗣后，边测

量、设计，边招募劳工，边订购砖瓦木料，经紧张筹备，于清宣统二年（1910年）七月十七日鸣炮开工。

那时，石龙坝的建厂工程包含：1. 在螳螂川上筑长55米，高2米，有17孔闸门的钢筋水泥拦水坝一座；2. 建长1478米的石砌引水渠，把水引到发电厂房上端的坡顶；3. 设置垂直距离15米的引流钢管作为进水口；4. 一座面积345平方米的石墙瓦顶水轮机房，安装两台发电总量480千瓦水力涡轮发动电机；5. 主体结构为土木中式三进四合院传统建筑作为办公楼和住房；6. 全长45公里的23千伏高压输电线和城内的变电站。

输电线路系循着西山背面的乡村小道经过起伏山地而达碧鸡关，再经马街以达设在小西门内水塘子变电站，降为3300伏，分送市区的变压器，再降为110伏供用户照明。计划供电装设7000盏灯。

参加石龙坝电灯公司工程各项人员计1000多名。为争取早日发电，所有人员不辞艰难之险阻，“崩山炸石不顾危险，分段赶作猛力进行”。每日以鼓为号，“每夜均系四（点）钟开饭，天明出工，日入方息。”

建设工程进行中，遇到了重重困难。

由于各种原因，股金未能到齐，不及股金总额的一半，加之工程浩大，资金一度困难。经商会担保，向滇蜀腾越铁路公司、大清银行、富滇银行、同庆丰等借款40余万元，才保证

❶清宣统二年（1910年）德国西门子生产的发电机

❷清宣统二年（1910年）修建的办公中院古建筑群

了电站的建设资金。

石龙坝水电站的全套设备重数十吨。虽然滇越铁路的通车，客观上为石龙坝电站的建设提供了必不可少的运输条件。但那时，昆明没有公路和汽车。机器运到火车站后，搬运至电站成了难题。公司只得采用蚂蚁搬骨头的精神，分解机件，水陆并进搬运。大型机件由火车站始，经金马坊、碧鸡坊，运至大观楼装上大木船；中型机件于德胜桥装小船，沿盘龙江行至大观楼与大船队汇合，从滇池运至海口河的平地哨。

大中型机器在平地哨上岸后，被搬上滚木。滚木前头由十多头大水牛牵引，后头由一部分人推撬，两旁由数十人拉扶，一寸一寸滑，一步一步挪，平地哨至石龙坝仅 7 公里，全部机器却足足滑行了一个半月，才将机器平安运到石龙坝。

清宣统三年（1911 年）十月三十日，昆明发生反清武装重九起义，结束了清王朝的封建统治。石龙坝电厂的建设得到云南军政府的支持，继续施工。至 1912 年 5 月 28 日水电站成功发电，工程历时 21 个月。

1914 年，耀龙电灯公司立下三块石碑。一块为“永垂不朽”碑，碑中略记了商办云南耀龙电灯公司石龙坝工程的修建过程；一

❶ 清宣统二年（1910 年）建成的平地哨拦河坝

❷ 清宣统二年（1910 年）建成的引水渠

石龙坝水电站办公楼大门旧貌

块为“功建名垂”碑，碑中记载了建设石龙坝电灯公司工程人员及工匠头人姓名；一块为“用实核明”碑，碑中记录了电站建设中的全部银钱开支，共耗费 50 万银圆。

石龙坝水电站的开创和成功建设，体现了危难时期中华民族自立图强的气魄和云南人敢为人先的精神，足以让所有的中国人为之感动。同时，也引起了外国人的关注。1927 年 1 月出版的德国《西门子》杂志第七卷第一期曾有文章评论说：“一般的中国人比其他任何人民都守旧，墨守于祖辈的东西。因此，对于那些可以改善他们从祖辈以来就习惯了的俭朴生活的革新，他们是很难接受的。但是，在这个国家偏僻的内地，在那远离世界贸易潮流和西方文化隔绝的地方，也已有人将西方技术成就移植到自己的土地上。”“从这个电站的建设，我们可以预言，再过一百年，中国将是水电大国！”

供不应求　进行扩建

石龙坝电站发电 10 年间，市区照明用户日渐增多，加之出现了兵工厂、造币厂、自来水厂和五金修造等动力用户，石龙坝电站的发电能力渐渐不能满足需要。最严重时 110 伏用电电压只达到 40 ~ 50 伏，致使电能质量降低。于是，1923 年年底，耀龙电灯公司对石龙坝电站进行扩建，新建第二车间。

第二车间建在第一座车间的下游、距第一车间约 500 米的斜坡下面。由于场地有限，所以把车间的一部分建成了楼房。从第一车间泻水渠的尾部，新修一条约长 400 米的引水渠，把第一车间用过的水引到新车间后方的山坡顶端，然后再用斜卧在山坡面上的大钢管，把有 16 米落差的水继续引到水机进口处，用作运转发动机的动力。

同时，对城区的大小变压器以及电杆、电线，都做了相

1926年建成发电的第二车间

应的改装和修改。发电设备则继续向德国西门子公司订购两台276千瓦水压涡轮发电机，其发电容量共为552千瓦。

从城区到工地的物资运输。仍然采用水陆运输方式。不过，此次从平地哨至石龙坝，铺设了小铁轨，将物资装上货箱，用人力推送到目的地。

1926年3月7日，举行二车间竣工典礼，各界名人志士汇聚石龙坝。云南清末经济特科状元袁嘉谷为二车间建成题诗，勒记于第二车间的青石楼梯栏上："石龙地，彩云天；灿霓电，亿万年。"

自此，石龙坝电站一、二车间装机容量共达1272千瓦，供应常灯用户15000盏，街头的路灯有所增加。

此后，1930年至1936年，耀龙电灯公司又对第一、二车间进行改造扩建。将第一车间原有2座240千瓦机组拆除，换装为2台720千瓦机组。第二车间增装1台448千瓦机组。使得装机总容量达到2440千瓦，是建厂时的5倍。

因旱季水源不足，为了保证充足的水量供发电之需。发电厂在中滩屡丰闸前修建了抽水站，安装德国西门子公司制造的105千瓦

轴流式抽水机两部，将滇池水抽入螳螂川，以补充低水位时期的发电用水。此后，1937 年又增加两台 240 马力的抽水机。

1934 年 12 月，耀龙电灯公司改组为商办昆明市耀龙电气股份有限公司。陆崇仁任董事长，华封祝任常务董事兼总经理；西门子公司派来的德国人克姆任总工程师。1936 年后，耀龙公司与昆明电厂合并，公司改名为“昆明耀龙电灯股份有限公司”，由卢汉任董事长。

石龙坝水电站的新建与运营成功，让越来越多的商人开始将商业资本转向产业资本，兴办近代工业。其中，火柴业、五金机械业、纺织业、烟草业、制革业，都有较大发展。至抗战前，昆明近代机器化工厂达到 29 家。

抗战供电　居功甚伟

抗日战争期间，中央机器厂、中央电工器材厂、中央无线电器厂、南京电冶厂、21 兵工厂、广东韶关飞机制造厂、永生玻璃厂等大批工厂企业相继迁入昆明。同时，国民政府和云南地方纷纷在昆设置和开办工厂企业，如发电厂、53 兵工厂、电力制钢厂等，据国民党政府经济部的统计，1940 年昆明地区主要的工厂企业已达 80 个，仅次于重庆和川中地区，居西南第三位。同时，计有西南联大等 10 多个大专院校、中央研究院和北平研究院的 9 个研究所迁到昆明，昆明一时学者专家云集，使昆明不仅是支持抗战的军事重镇和工业基地，也是西南大后方的学术文化中心。

电站内的碉楼

为满足这些单位的用电，当局一方面兴建昆湖电厂，一方面要求耀龙电力公司所属石龙坝水电站设法挖掘潜力，增加发电能力，以应急需。

在这种形势下，按云南省政府主席龙云的意图，1938 年

❶第三车间

❷第三车间题词

6月，耀龙电气股份有限公司与玉皇阁发电厂合并，改名“昆明市、县官商合办耀龙电力股份有限公司”。龙云任命卢汉兼任公司董事长。推举缪云台、陆崇仁任常务董事。选举金龙章为总经理兼总工程师，郭克悌、刘光棣分别担任石龙坝发电厂和玉皇阁电厂厂务主任。在新董事会的领导下，石龙坝水电站满负荷运转，保证了海口地区和安宁地区兵工和民用工厂的电力供应，为这些工厂正常运转提供了必要条件。同时，计划扩建电站，增建第三车间。为稳定职工队伍，共渡难关，还办起了“员工消费合作社”和一所小学校，解决子女的教育问题。

1938年9月，日机开始对昆明进行连续不断的狂轰滥炸，远离市区的石龙坝电站也成为其轰炸的重点目标之一。1940年12月16日上午9点40分左右，7架日军飞机轰炸石龙坝发电厂，电厂中弹9枚。其中重型炸弹8枚，机务员华云章被弹片击伤，工兵陈礼被飞石伤腿，一车间路边一道门被飞石打倒，二车间屋顶被落石击穿。燃烧弹一枚落在办公室附近未爆炸。此后电厂又三次遭到轰炸，但未对人员和设施造成大的损失，未阻挡对军工生产的供电，其中第二次日机轰炸时，官兵奋勇射击，命中日机一架，日机起火后坠于安宁境内温泉乡马温村与小米场交界的山箐。

❶

❷

第三车间的筹建过程中，由于滇越铁路中断，所需设备无法采购引进而无法进展，而此时，随着第22兵工厂搬迁海口、海口水泥厂半机械立窑的建成以及安宁电力炼钢厂的建立，电力供应十分紧张。石龙坝水电站只得因陋就简，自力更生，修旧利废，于1943年5月开工建设第三车间工程。当时，没有条件进口新设备，只得将原来从第一车间拆下的两台240千瓦水轮发电机组修复安装发电，引水管则创造性地采用外箍木管代替钢管。

1944年5月10日，第三车间扩建工程厂房竣工，立碑

“建国必成”。1945 年 8 月 1 日，投产发电。至此，石龙坝发电厂共有 3 个发电车间，总装机容量 2920 千瓦。

第三车间投入发电后不久，日本投降，抗日战争宣告结束。石龙坝水电站全体职工在抗战期间冒着敌机轰炸的危险，艰苦奋斗，群策群力，自力更生，保障最大可能的电力供应，为昆明成为全国第二大工业基地、第三大军工基地和最为重要的教育科研基地做出了很大的贡献。

至今，石龙坝水电站为抗战供电的一、二、三等三个车间依然屹立，日机轰炸时留下的巨大弹坑被改造为花园，取名“飞来池”。花园中间为水塘，池边广植鲜花绿树，并建有亭榭。一座亭子上对联写道：“电站虽小历史悠久开中国水电之始　水塘不大成因奇特记东瀛入侵之证。”

历史新篇　再立新功

第四车间工程于 1948 年开始筹备。其规划、设计均由中国工程人员进行。1949 年 5 月 8 日开工。但此时，蒋家王朝已经面临覆灭的命运。1949 年 9 月，中共地下党建立中共耀龙公司党支部，组织工人投入到迎接解放的洪流。

1950 年 3 月，云南省军事管制委员会军事接管小组进驻耀龙电力公司，接管了耀龙电力公司及下属电厂，任命了新厂长

飞来池

第四车间

并派一个连的部队保卫电厂。发电厂的历史翻开了新的篇章。

经过清产工作和组织整顿，发电厂的生产工作走上正轨。1951 年 1 月 28 日，第四车间扩建工程复工。第四车间建在第一车间东侧，将引水渠延伸至车间上方，引水流量达每秒 24 立方米每秒，设计水头 31 米。安装原耀龙公司向瑞士爱士维斯厂洽购 3000 千瓦水轮发电机组一台。1954 年 12 月 31 日开始发电。同时，架设由石龙坝至安宁昆明钢铁厂的云南第一条 35 千伏、全长 8 公里输电线路和 35 千伏变电站一座，专供昆明钢铁公司用电。

1957 年 9 月，在第四车间又添置一台 3000 千瓦机组，该发电机和水轮机均为哈尔滨电机厂制造。1958 年 6 月 30 日投产发电。

第四车间两台 3000 千瓦机组投入运行后，发电厂规模达到 7000 千瓦。相当于 1909—1949 年 40 年间所建 3 个车间装机容量的两倍多。年发电量达到 2200 万度至 4000 万度之间。不仅保证了大型企业昆明钢铁公司用电，而且为缓和昆明地区电力紧张局面起到一定作用。

20 世纪 60 年代以后，随着滇池上游各河道修建了一批水库，城市生活及工农业用水大量增加，螳螂川流水减少，屡丰闸抽水站划归水利部门管理，不再抽水。石龙坝电站的发电量受到水流量的制约，遂将一、二、三车间的七台小机组拆除，支援地州。

在情况发生变化后，石龙坝发电厂广大职工通过挖潜改造、技术革新，克服困难，保证和增加了发电量，1971 年发电量提高到 3980 万度。

这个时期，石龙坝发电厂主要承担昆明电网的调峰、调相任务。

转型之路　综合发展

随着云南和昆明地区电力事业的迅速发展以及螳螂川水流的限制，石龙坝电站在现实生活中的供电作用已经大大降低，但是，它的历史意义却随岁月的流

逝而日显重要。石龙坝电站面临新的选择。

1957年3月18日，朱德副主席到石龙坝电厂视察，听着上游倾泻而来的流水声，他问电厂厂长："你是电厂厂长，你晓得它为云南、为中国的解放和民族的兴旺做出了多少贡献吗？"并嘱咐说："你们要好好保护电站，它是中国水电发展的老祖宗哟。"朱老总是要求保护石龙坝水电站的第一人。

1982年后，石龙坝水电站开始探索建设集文物、旅游、教学、发电的综合电站的转型之路。

1987年2月，为见证历史，电站将1912年最初发电的240千瓦机组一台从通海县购回，由职工集资11.7万元修复。1989年重新恢复安装于原第一车间。这台机组又开始了在石龙坝的发电生涯。古老的电机焕发了青春。

此后，石龙坝发电厂相继公布为区级、市级和省级文物保护单位。四个车间及附属设施，办公楼等列为保护主体，整个厂区纳入保护范围。同时，先后列为"昆明地区中国现代史和国情教育基地""云南省爱国主义教育基地"。

2006年6月，国务院公布石龙坝发电厂为第六批全国重点文物保护单位。目前，参观访问者络绎不绝。

石龙坝水电站是一部厚重的历史。尤其可贵的是它自建站以来各个历史阶段的所有建筑保存完好，甚至历经百年的机组还在运转，极为罕见。作为中国工业遗产稀有的活文物，它的历史价值超越了水电发展的范畴，从一个侧面显现出中国一个世纪来的风云变幻、社会变迁。

早期的石龙坝水电站

珍贵的工业文化遗产

——我国第一座半机械水泥生产立窑

当时，王涛设计的半机械立窑，在中国水泥发展史上尚属首例，是我国第一座半机械立窑，对我国发展水泥工业具有开创性意义，是中国水泥史上重要的里程碑。此后数十年，全国各地水泥厂都以它为蓝本建造立窑。

如今，当你走进海口滇池边的云南水泥厂大门，你会发现，蓝天白云之下，这里成片的厂房虽然依然屹立，但这里的一切已经归于一片沉寂。立窑不再炉火熊熊，磨机哑无声息，仓库空空如也，高空传送道停止运转。检验室、办公楼楼门紧锁。水塔、储料塔罐默默伫立，偌大的厂区除了少数保卫人员，别无他人。时光，仿佛定格于 2016 年 7 月 26 日，那一天，各个车间贴上了封条。

短短三年之间，这座充满活力、精力无限的工厂，仿佛突然步入晚年，成为额头布满沧桑、阅尽了世事风云变幻的老人，静静地，回忆着似水流年和昔日的荣光。路边墙头，荒草藤蔓开始蔓延，野花悄然绽放。

其实，这座工厂的生命并没有停止。这些已经失去生产功能的厂房之所以未被拆除，只因为它建厂初期的主要生产设施三座半机械化立窑已经公布为云南省文物保护单位。作为工业文化遗产，将会依法得到保护，将以新的形象获得重生。

那三座立窑位于厂区的一角，由一座钢体、两座钢混结构的

高大圆形筒体以及框架结构的提升架并立组成，上部有工作车间联结。显然，这三座立窑早已停止使用，上部的工房残破不堪，大有风雨飘摇之感。沿着残损狭窄的、凝结着坚硬水泥的楼梯，攀爬到这座声誉显赫的立窑顶端，想象着它不平凡的历史和往日热火朝天的景象，仿佛置身于 70 多年前那个激情燃烧的岁月，心生无尽的追怀与感慨。

创建云南水泥厂

这是一个生产水泥的工厂，原名昆明水泥厂，诞生于烽火连天的抗日战争岁月。

1937 年 7 月抗日战争全面爆发后，沿海和中原大部分领土遭日军侵占，大批重要的工厂企业、大专院校和科研机构被

❶ 我国第一座半机械化立窑现状

❷ 云南昆明海口水泥厂

❶ 1939 年建成使用的立窑

❷ 中国水泥史上第一个华人总工程师王涛

迫迁移昆明，昆明成为后方重要的军事经济和文化战略基地，建设任务十分艰巨。而当时，云南尚不能生产水泥，建筑工程所需的重要物资水泥全赖进口，而且价格昂贵。

在严峻的现实面前，创办水泥厂成为紧迫的大事之一。于是，1939 年，云南实业家缪云台与云南工商界人士商定在昆明创办一座水泥厂，以解燃眉之急。所需资金得到了昆明富滇、中国、交通、新华四家银行的支持。但是，云南和昆明缺乏生产水泥的技术人才，谁来主持水泥厂的创建和生产呢？经过一番考察，缪云台等请来了当时已负盛名的水泥专家——王涛。

王涛是江苏省崇明县人，1926 年毕业于天津北洋大学矿业系后，供职于南京龙潭中国水泥公司。1929 年，王涛考取了江苏省的官费留学资格赴德国留学，在柏林水泥研究院师从世界著名的水泥化学家库尔教授。在库尔教授的指导下，他取得重要的研究成果，进一步补充和发展了水泥凝结硬化理论。1932 年他和库尔教授合著的《水泥水化》发表在德国《水泥》杂志上，因而蜚声国际水泥界。这时，王涛 28 岁。

1932年王涛学成回国，在南京龙潭中国水泥公司担任了外国总技师克斯满的副手，不久，即出任中国唐山启新洋灰公司总技师。总技师即相当于总工程师。王涛也因此成为我国水泥工业史上担任总工程师的第一位中国人。

1937年7月，全民族抗日战争爆发后，天津、唐山一带很快被日军占领。王涛秘密离开唐山，于1938年5月到达武汉，接受了民国政府将湖北黄石华记水泥厂改名华中水泥厂迁往湘西辰溪的艰巨任务。

正当华中水泥厂搬迁过程中，1939年4月，王涛接到缪云台请他到云南创建水泥厂的邀请信。他认为，当时西南大后方，只有重庆一家中型水泥厂担负着抗战时期的水泥生产任务，显然不能满足抗战的需求，在昆明建水泥厂很有必要。于是，他迅速赶到昆明，对昆明开办水泥厂的地理环境、矿山资源、电力、交通运输等条件进行了实地考察。得出具备开办水泥厂的结论后，王涛便向缪云台提出以华中水泥厂为一方，与云南合资开办水泥厂的建议。对此，缪云台表示同意。经双方商定，由富滇、中国、交通、新华四家银行和华中水泥厂共同合资创立“昆明水泥厂股份有限公司”。计划投资60万元，建设昆明水泥厂。投资分配为：富滇银行24万元，中国银行12万元，交通银行6万元，新华银行3万元，华中水泥厂15万元。缪云台任董事长，王涛任总经理。这一年，王涛34岁。

厂址方面，通过实地考察和反复斟酌，最终确定在离昆明市区30公里的海口磨盘山的蒋凹村旁。厂址紧靠滇池，相距石龙坝水电站不远，水路交通和电力供应尚属便利，附近矿产资源丰富，也便于躲避敌机空袭。

我国第一座半机械立窑

昆明水泥厂址选定后，公司购买建厂土地78.9亩、石灰石矿山

178.3 亩，厂房、住宅等建筑，委托昆明建筑设计事务所设计。王涛则亲自主持水泥生产工艺、流程的设计。

关于水泥的制造过程，有"两磨一烧"的说法。"两磨"：一是将生产原料石灰石、黏土、萤石、硫铁矿等进行碾磨成粉，按照配方混合，制成生料；二是将烧出的熟料送至熟料破碎机进行粉碎，然后根据生产经营要求，将熟料、石膏、矿渣等进行配比，制作出不同型号的水泥，包装出厂。"一烧"处于"两磨"之间，指的是将生料送入窑炉内进行高温烘烤煅烧，制成熟料。因此，磨机和窑炉及相应的电器设备，是水泥厂主要的机械设备。而这些设备，当时国内尚无水泥机械制造厂，此前所建水泥厂全都依赖进口。当时，昆明水泥厂也与外国公司接洽商谈采购这些设备。向丹麦史密芝公司购买磨机，向德国及美国电气公司购买电气设备的合同谈判都较为顺利，但原拟向制造窑炉较有经验的德国克虏伯公司订购全套窑炉设备的计划，因该厂要价过高，并且交货日期太长。为了争取时间早日投产，王涛毅然改变计划，决定自行设计建造窑炉。

窑炉是水泥厂最为关键的设备，包括燃料堆码、点火、烘窑、加生料、看火、卸熟料等技术环节。依照窑筒的不同，窑炉分为回转窑和立窑两种类型。回转窑的窑筒斜卧且能转动，立窑的窑筒直立不能转动。相对于回转窑，立窑具有容量大、热能利用充分的优点，但当时，国内的水泥厂都是采用从国外进口的小型回转窑设备。王涛主持搬迁的华中水泥厂，也是采用从国外进口的回转窑设备。国内立窑生产尚无先例。

按照机械化程度，立窑又分为半机械立窑和机械立窑。所谓半机械化立窑，又称为普通立窑，指的是生料的提升、燃料和熟料的运输等，都通过提升机和传送带进行，而往窑炉内加生料和从窑炉内卸熟料则需人工依靠铲钩进行。机械立窑则是生料的提升、加料和卸料以及燃料和熟料的运输等，都靠机械自动进行。在当时的条件下，建造机械立窑尚不存在可能性。

王涛再三权衡利弊后做出大胆决定，不采用当时在国内已通行的回转窑，而自行设计制造半机械立窑。他在德国留学时曾参观过立窑，见过立窑生产，但并不掌握其详细的设计参数和生产技术资料，自行设计建造立

窑存在许多困难。王涛知难而进，请来了两位流落在大后方的中国水泥厂和江南水泥厂的工程技术人员，三人密切合作，凭各自经验和见识，边回忆、边绘图，设计出一台直径 2.5 米，高 10 米的钢筒体立窑。设计工作完成后，王涛利用旧日的往来关系在上海订制钢筒体一座。

1939 年 10 月 3 日，水泥厂基本建设破土动工。按照一切因陋就简、暂够应用的原则，所有房屋结构除因工作上必须采用钢筋混凝土及砖墙外，其余均筑成木板墙或敞篷型式。高层建筑漆成绿色，以躲避敌机频繁的空袭。厂区道路为土基路面，自来水只供生产使用，另挖掘水井三口作为工人提取生活用水。在滇池边建简易码头两个，可以通航十余吨的木船。

与此同时，历经一年半的艰苦努力，王涛终于完成华中水泥厂的迁建任务。1939 年 12 月正式投产，王涛任厂长。自此，王涛一身二任，频繁奔波于昆明与辰溪之间，承担着两厂建设与生产经营工作。

昆明水泥厂开始筹建时，滇越铁路尚在运行，所有对外采购的设备都预定通过海运在越南海防上岸，然后通过铁路运到昆明。但是，当上海定制的窑筒及部分通用设备从海防经滇越铁路运到工厂之后，法国政府屈从日本政府要求，1940 年 6 月 20 日突然封闭滇越铁路，禁止物资输入中国。因此，原定海防交货的丹麦磨机被迫改为缅甸仰光交货，由滇缅公路历经一个多月，行程 1146 公里，于 7 月中旬才到达昆明。而向德国及美国电气公司购买电气设备则无法交货。因此，这些设备只得分别向云南经济委员会、耀龙电力公司、五十三兵工厂借用或向华中水泥厂求援，或自己绘图在昆明制造，以确保投产的最低条件。当时从丹麦订购磨机只有一套，只有轮流磨制生料与熟料。

经历了各种曲折和磨难，1940 年 10 月，终于将全部设备安装就绪，于当年 12 月正式投入生产，云南省从此有了自己生

❶ 工人在磨盘山采集石灰石

❷ 立窑和磨坊、煤气发电机房（民国）

产的水泥。年生产水泥6000吨，产品采用“龙门牌”注册商标。

功效卓著

昆明水泥厂的建成投产，结束了外国水泥输入云南，独霸市场的历史。生产的水泥主要用于军事和交通建设，极大地缓解了滇缅铁路、空军基地、内迁工厂的水泥来源问题。在供不应求的情况下，水泥厂于1942年又增加一座自行设计的以钢筋混凝土做窑筒的立窑，安装了由重庆顺昌机械厂制造的水泥磨机，年产量扩大到1.2万吨。为抗战大后方的国防建设、工业基础设施及民用建设发挥了重要作用。

当时，王涛设计的半机械立窑，在中国水泥发展史上尚属首例，是我国第一座半机械立窑，对我国采用国产设备发展水泥工业具有开创性意义，是中国水泥史上重要的里程碑。此后数十年，全国各地水泥厂都以它为蓝本建造立窑。据不完全统计，这类立窑数量达2000多座，分布全国各地，直到20世纪80年代，一直是我国水泥生产的主力军，对中国水泥工业发展产生了巨大影响。

昆明水泥厂是继华中水泥厂之后，王涛在抗日敌后领导建设的第二个水泥厂。昆明水泥厂投产后不久，王涛又先后筹建了江西泰

❶简易码头
❷界碑

❶ 1956 年在原立窑旁边又增加一座立窑

❷ 1956 年新扩建的生产区（立窑、烘干、筒仓、磨坊、储料库）

❸ 题词

和水泥厂、湖北华新水泥厂，接办了贵阳水泥厂，加上湖南的华中水泥厂，一共 5 座。抗战时期，王涛经年累月奔波于鄂湘赣滇黔 5 省，克服千难百险，既为抗战做出了贡献，又为我国水泥工业后来的发展奠定了坚实的基础。所创造的业绩充满传奇，名声显赫，有“水泥大王”之誉。

新中国成立后，王涛历任华新水泥厂总经理、总工程师，在国家建材部任一级工程师、建工部水泥研究院院长、科技局副局长、北京建工学院副院长和建材研究院副院长、国务院科学规划委员会硅酸盐组副组长等，是第一、二、三届全国人民代表大会代表，第五、六届中国人民政治协商会议全国委员会委员，中国民主建国会第六届中央委员会常务委员。1985 年 5 月 23 日，王涛因病长逝，享年 80 岁。安葬在北京八宝山革命公墓。

1

2

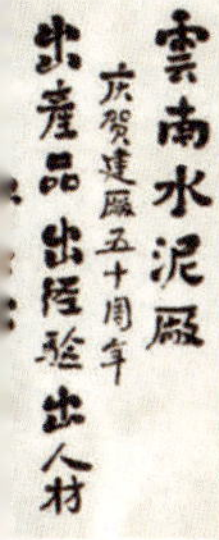

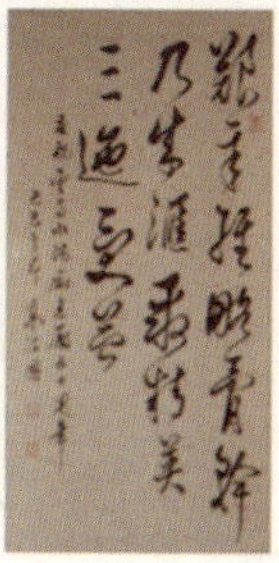

原云南省委副书记高治国为建厂五十周年题词

3

新的起点

新中国成立后，昆明水泥厂改名为云南水泥厂，一直是云南水泥生产的骨干企业。1998 年，云南水泥厂分离改制为云南水泥有限公司。2005 年 12 月 30 日，云南水泥有限公司与云南国资水泥有限公司整合，成立云南国资水泥海口有限公司。拥有两条新型干法回转窑熟料生产线，产能规模达到 100 万吨 / 年。随着昆明城市的扩展和新形势下的社会发展需要，根据“四退三还一护”政策，紧邻滇池西岸的海口水泥厂企业需要搬迁，遂于 2015 年关停。

海口水泥厂从历史走来，迈向未来。而它在滇池边的老厂房，尤其是那连为一体的三座不同时期的半机械立窑，将成为我国水泥生产发展史上重要里程碑和抗战时期艰苦创业的永久记忆。

文化韵 · XISHAN

第四章 把我们的血肉，筑成我们新的长城

——抗战文化

1935年，伟大的人民音乐家、《义勇军进行曲》的曲作者、共产党员聂耳魂归故里，安葬于西山，为西山文化增添了光彩。

抗战全面爆发后，由于独特的地理位置，西山地区不仅是有着抗战“生命线”“输血管”之誉的滇缅公路的起始段和咽喉要地，而且工矿云集，形成了马街、海口两个工业区，集聚了大批军工厂和工矿企业，创造了非凡业绩。

同时，由于沿海内地的大专院校和科研院所内迁，西山区集中了一些科研院所及著名的科学家。在战争岁月里，他们身居陋室，生活艰辛，但他们以饱满的爱国热情，抗战必胜的信念，顽强地从事着面向抗战、面向祖国未来的科学研究事业，并取得丰硕成果，为抗日战争的胜利做出了独特的贡献，构成了不同凡响的西山抗战文化。

义军有曲
——聂耳墓园

聂耳墓园环境清幽、庄严肃穆、寓意深刻、配套设施完善，体现了我国各族各界人民和国际友人对聂耳的敬仰和无尽的思念，也为凭吊追怀聂耳提供了一个情景相融、激扬爱国主义热情的美好空间。

从抗日战歌到国歌

对每一个热爱祖国的中国人来说，世界上没有哪一支歌曲，能像国歌那样肃穆、庄严和雄壮！世界上也没有哪一首歌，能像国歌那样激越和高昂！国歌，象征着祖国辽阔美丽的山川土地，承载着文明古国悠久的历史，凝聚着中华民族大家庭的辉煌和屈辱，寄托着人民开创未来的理想和希望。当国歌的旋律响起，为祖国自豪和骄傲的激情油然而生；每当唱起国歌，为中华民族的前途和命运奋斗的使命感和责任感便跃然心头。

国歌原名《义勇军进行曲》，是聂耳为电影《风云儿女》谱写的主题歌。由于它诞生在“九一八”事变后民族危机极为严重、抗日救亡运动风起云涌的时期，它一出现，就以其鲜明的民族风格和特有的艺术魅力，表现了中国人民抗日救亡、不畏强暴、英勇奋斗的革命精神，成为抗日战歌。

抗日战争时期，《义勇军进行曲》那高昂激越、铿锵有力的旋律回旋在长城内外、大江南北，激励着无数中华儿女投入抗日战争

1937 年聂耳亲友在西山建立的聂耳墓

的伟大战场，“冒着敌人的炮火前进！”

虽然 1937 年 7 月抗日战争全面爆发时，聂耳已经在昆明美丽的西山长眠，他也没有能够与全国人民一起享受抗战胜利的欢乐，但《义勇军进行曲》在战争中所发挥的精神力量和物质力量难以估量，聂耳与抗日战争同在。抗日战争胜利的辉煌，有聂耳青春生命的光环。

短暂而永恒的人生

钟灵毓秀，旖旎的山光水色和温润的气候滋润了聂耳的心灵；人杰地灵，辛亥革命前后云南思潮激荡，英杰辈出，陶冶了聂耳追求真理的情操。在昆明，聂耳度过了他的幼年和青少年时光。

1912 年 2 月 15 日，聂耳诞生在昆明城内甬道街一座当年叫作“成春堂”药铺的小楼上。先后就读于昆明县立师范附小、求实小学、第一联合中学和省立第一师范学校。

“省师”是当时全省学生运动的中心之一。他积极参加中共地下党组织领导的青年读书会和音乐、戏剧的演出，参与散发传单等秘密活动。1928 年，16 岁的聂耳秘密加入了共产主义青年团。

1931 年 7 月，聂耳因参加学生运动暴露身份，随时都有被捕的危险，被迫离开昆明，到上海“云丰申庄”去当店员，开始了新的生活。

到上海后不久，聂耳考入了“明月歌舞剧社”，开始了他的艺术生涯。之后又先后在联华影业公司、百代唱片公司工作。1933 年初，聂耳由田汉同志介绍，加入了中国共产党。这期间，正是民族危机极为严重的时期，聂耳始终站在文艺斗争的前列，展现了非凡的艺术才华。自 1933 年 8 月发表第一首作品《矿工歌》起，不到两年的时间，共创作了37首歌曲。这些歌曲，从不同角度，反映了处于社会底层人民的生活、思想和感情。以其鲜明的民族风格和特有艺术魅力，表现了中国人民要求抗日救亡、不畏强暴、英勇奋斗的革命精神。这些优秀的歌曲，开创一代新的乐风，为中国新时期的音乐创作，做出了重要的贡献。

其中，由田汉作词的电影故事片《风云儿女》的主题曲《义勇军进行曲》创作于1935年初，1935年5月由制片厂正式录音。

聂耳于1935年4月到达日本，拟经日本东京前往苏联学习。不幸的是，7月17日，聂耳在藤泽市鹄沼海滨游泳时，不幸溺水逝世，年仅24岁。《义勇军进行曲》，是聂耳人生最后的作品，是他不朽人生最后的绝响。

安葬西山

1935年8月，聂耳的骨灰、遗物由同乡好友张天虚、郑子平护送回上海。1936年，聂耳的三哥聂叙伦去上海将聂耳的骨灰接回昆明，安放在西山华亭寺海慧塔。

聂耳生前钟爱昆明的美丽山川，在昆明期间多次游览西山，对西山有着深厚的感情。1926年至1930年的日记中，就留下了三次游览西山的记录。在联合中学读书时，14岁的少年聂耳就曾在一篇《我之人生观》的中学作文中表示，他的理想是先上大学，然后出外游历，最好是出国，行路读书，增长见识，学术上有所建树。他还特意表示："昆明的西山将是自己隐逸的首选。"

结果一语成谶。打算年老时首选的隐逸地西山成为聂耳的最后安息之地。聂耳的家人充分理解聂耳对于西山的情结，而且文化界的名士们认为，西山钟毓灵秀，聂耳作为划时代的影响深远的青年音乐家，安葬于此也在情理当中。恰好，聂耳三哥聂叙伦妻子的娘家郑氏在西山有一块墓地，于是，聂耳墓选址西山，圆了少年聂耳的"隐逸"之梦，寄托了这位昆明之子对西山、对祖国大好山河的无限眷恋之情。

徐嘉瑞撰写了《划时代的音乐家聂耳之墓》墓名和碑文。碑文中，徐嘉

瑞赞扬聂耳“是划时代的音乐家，革命的歌手，国防音乐的前哨”。他的歌曲“充满了生命的旋律，往同胞的血管中注入了新鲜的血液，从旋律中使中国再生了”。“挽救垂危的国运，帝国主义口下的中国，正需要鼓舞万众的音乐。听罢！把我们的血肉，筑成我们新的长城，……冒着敌人的炮火前进！前进！”

聂耳的母亲和家人以及楚图南、徐嘉瑞、郑一斋、林志音等文化名人参了安葬仪式。这一天，是 1937 年 10 月 1 日。此时，谁也没有想到，12 年之后的 10 月 1 日，《义勇军进行曲》作为代国歌，在天安门广场奏响，毛泽东向全世界庄严宣告："中华人民共和国成立了！"

1949 年 9 月 27 日，中国人民政治协商会议第一届全体会议上正式通过由聂耳作曲、田汉作词的《义勇军进行曲》为中华人民共和国代国歌。

中华人民共和国成立之后，聂耳作为中华人民共和国代国歌曲作者，其墓地受到各级政府和广大人民群众的格外重视。

1954 年 2 月，云南省文化局对墓地进行了一次培修，改用了时任政务院副总理、文化教育委员会主任、中国科学院院长郭沫若撰写的碑文，并把墓碑所写的“划时代音乐作曲家聂耳之墓”改为“人民音乐家聂耳之墓”。碑文颂扬说：“聂耳同志，中国革命之号角，人民解放之鼙鼓也。其所谱《义勇军进行曲》，已被选为代用国歌，闻其声者，莫不油然而兴爱国之思，庄严而宏志士之气，毅然而同趣于共同之鹄的。聂耳呼，巍巍然，其与国族并寿，而永垂不朽呼！”

1965 年，聂耳墓被云南省人委公布为省级第一批重点文物保护单位。

聂耳墓自 1937 年修建于华亭山华亭寺北侧以来，随着时间的变迁，其墓地左、右、后三方已逐渐建起众多墓冢，修建的上山公路就在墓地下面，陡坡弯大，已不能满足广大群众举行瞻仰及拜谒活动。

聂耳雕塑

❶ 下葬时聂耳的骨灰

❷ 聂耳墓园

迁葬美人峰

1980年3月，经云南省人民政府批准，昆明市成立了搬迁聂耳墓领导小组及办公室，启动了聂耳墓的迁建工程。

经工作组反复调研，聂耳墓迁移地址选定在太华山与罗汉山之间美人峰的一个山坳间。

当时聂耳骨灰已经安葬40多年，而且社会上有聂耳墓是衣冠冢的传言，为慎重起见，在墓地施工即将完成之时，领导小组组织了相关工作人员和聂耳亲属共同开墓查验，结果证实墓中仍为1937年安葬的聂耳骨灰罐。只是罐上的字迹有些模糊，罐内包裹骨灰的红绸已经腐朽，但仍能看出骨灰罐上“青年音乐家聂耳”等字。

新墓园朴素大方，有音乐家墓地的特色。墓地平面设计如一把月琴，登上墓地的24步石阶，象征聂耳在世24年岁月。墓后的七块墨石碑，上书“人民音乐家聂耳墓”既象征七个音阶，也象征七个琴键。墓坑为石条砌筑，两层台深约1米许。骨灰瓷罐安放在圆形底座之上。地面为三级方形石台，中间竖立由原墓迁移过来的郭沫若书写的墓碑。

1

2

1980年5月13日聂耳墓举行了隆重的迁葬仪式。中央文化部（现文化和旅游部）、国家文物局、全国文联、云南省政府、省委宣传部、昆明市革委会、上海文联、中国音乐家协会、中国电影家协会、云南省文联、昆明市文联、云南省音乐家协会、聂耳研究会的代表以及聂耳生前好友周扬、阳翰笙、夏衍、赵丹、安娥、蔡楚生、于伶、王人美、陈燕燕、黎莉莉、赵讽等100多位来宾出席了隆重的迁葬仪式。

聂耳墓园改扩建

1982 年 12 月 4 日，全国人民代表大会第五届五次会议通过决议，将《义勇军进行曲》确定为中华人民共和国正式国歌。

2004 年 3 月 14 日，第十届全国人民代表大会第二次会议通过将《义勇军进行曲》作为国歌写入宪法。

1985 年、1992 年和 2005 年，聂耳墓园曾三次进行改扩建和环境整治。

1985 年的改扩建，主要是更换了聂耳墓碑。新建的聂耳墓碑仍用墨石制作，但其形制做了改变，原有的立方体墓碑改为横长方形。承托墓碑的，是一个圆形基座。墓碑置于圆形基座的正面一侧，正面上半部书“人民音乐家聂耳之墓”，下半部呈斜面弧形，宛如展开的乐谱。背面重刻郭沫若撰写的碑文。

此次改建，还设置了汉白玉的高浮雕山茶花花环，树立了聂耳全身雕像。

1992 年完成了聂耳墓地屏风墙浮雕工程和新建了聂耳生平事迹陈列室。屏风墙浮雕长 45 米，由三座略呈弧形的屏风墙组成，中部为中国军民英勇抗战形象，两侧为云天万里长城，左下部为中华各族民众高唱《义勇军进行曲》的场景。屏风墙共雕刻人物 96 人，画面表达了中国人民同仇敌忾抗击侵略者的英雄气概。左侧浮雕的左上角，镌刻着田汉在 1935 年 7 月出狱后，惊闻聂耳在日本逝世的噩耗，悲愤中挥泪写成的诗句：

一系金陵五月更，故交零落几吞声。
高歌正待惊天地，小别何期隔死生！

乡国只今沦巨侵，边疆次第怀长城。
英魂应化狂涛返，重与吾民诉不平。

2005 年，在纪念聂耳逝世 70 周年之际，对聂耳墓的环境特别是入口进行了较大规模的整治改造。主要对主通道进行改造，原来仅为 2.3 米的迂回小道改为以墓体为中轴线宽为 10 米的主通道，同时将主通道一侧的坡地修建为多级踏步，以烘托聂耳墓的雄伟气势。

经过上述改扩建和环境整治，聂耳墓园环境清幽、庄严肃穆、寓意深刻、配套设施完善，体现了我国各族各界人民和国际友人对聂耳的敬仰和无尽的思念，也为凭吊追怀聂耳提供了一个情景相融、激扬爱国主义热情的美好空间。聂耳墓园成为“全国重点文物保护单位”“昆明地区中国近现代史和国情教育基地”“全国青少年爱国主义教育基地”“ 第四批全国爱国主义教育示范基地”。

当代著名作家、书法家赵翼荣有《谒昆明西山聂耳墓》诗一首，表达了拜谒者的心声，寄托着对人民音乐家的无限敬意！

不幸斯人殇恶海，
魂萦故土托山阿。
疮痍满目悲声壮，
荆棘横空猛士多。
风吼长河驱铁马，
雷椎大野振金戈。
茔前静穆犹闻曲，
海啸山呼奏国歌。

铁轮有书

——左翼作家张天虚

《铁轮》一书是中国左翼文学运动具有代表性的优秀作品之一。茅盾指出，《铁轮》是张天虚“痛心于十年‘内战’的抗议”。郭沫若说：“天虚这部《铁轮》，对于目前在上海市场上泛滥着和野鸡的卖笑相仿佛的所谓‘幽默小品’，是一个烧夷弹式的抗议。”

西南二士

滇池畔西山上青翠的松林中，安葬着两位生命同样短暂，同样英名不朽的年轻的共产党员。一位是大家熟知的人民音乐家聂耳，另一位便是青年文艺工作者张天虚。郭沫若为他们二人都撰写了墓志铭。在张天虚墓志铭中，郭沫若写道：

西南二士，聂耳天虚，
金碧增辉，滇海不孤。
义军有曲，铁轮有书，
弦歌百代，永示壮图。

这里，郭沫若把聂耳和张天虚并列，称颂他们为“西南二士”，就像金马、碧鸡相互辉映一样，为昆明增添了光彩。

“义军有曲”，自然是指聂耳创作的《义勇军进行曲》。后来成为中华人民共和国国歌。“铁轮有书”说的是张天虚 20

世纪 30 年代初期创作的长篇小说《铁轮》。

聂耳和张天虚短暂的生命旅程有着惊人的相似轨迹。他们在辛亥革命先后一年出生在滇池之滨的昆明城和呈贡，他们同时在昆明度过了童年和少年时期。中学时期，都是学校中思想进步、成绩优秀、热爱文艺，参加学生运动的积极分子。他们在昆明爱国学生活动中相识，并成为好朋友。他们都在 1930 年，离滇出走到了上海，从事革命文艺创作。只不过，聂耳从事的是音乐创作，而张天虚从事的是文学创作。在上海短短几年里，他们的才华和勤奋结下了丰硕的成果，并都光荣地加入了中国共产党。1935 年，他们又分别到达日本东京。不幸的是聂耳在日本溺水身亡，而张天虚成为聂耳丧事办理者，并将聂耳的骨灰送回上海，由亲属带回昆明安葬于西山。6 年之后，张天虚病逝昆明，亦安葬在聂耳墓附近。从此，“滇海不孤”，他们都怀着对祖国、对家乡深沉的爱，也怀着壮志未酬的遗憾，长眠故土。他们虽然英年早逝，但“弦歌百代，永示壮图”。

青年进步学生

张天虚原名张鹤，出生于 1911 年 12 月 8 日。呈贡龙街人。张天虚的父亲张向辰在龙街家中开设了一个油盐酱菜店，由于龙街是县城边一个兴旺的市集，地处交通要道，生意还算不错。

张天虚 5 岁时即到龙街龙翔寺小学读书，后又

❶张天虚墓志铭

❷在上海时的张天虚

被送到呈贡县城小学读高小，14 岁时考入云南省立第一中学。

张天虚在省立一中时，对作文特别感兴趣。在楚图南、罗稷南等名师的指导下，写作水平大为提高，习作常常贴堂展览。同时，他如饥似渴地阅读新文学书刊，思想进步很快。他参加了秘密进步团体“云南青年努力会”并加入了中国共产主义青年团，积极参加学生会组织的宣传演出活动，声援“五卅”运动、北伐战争，反对军阀统治。1927 年春季，张天虚进入东陆大学（今云南大学）预科学习。在这些活动中，他认识了聂耳，并和聂耳结为好朋友。

1929 年 7 月，省主席龙云的冤家对头胡若愚、张汝骥等组成“靖滇军”，围攻昆明。7 月 11 日，昆明守军参谋长孙渡担心城北商山寺的火药库为对方抢占，遂用牛车将存于该寺的大批火药搬运入城，存放在北门街的临时火药库。因运输、保管不善，引起火药爆炸，造成严重后果。爆炸事件炸毁了大片民房，死亡 320 余人，伤残 579 人。这就是昆明“七一一”火药大爆炸事件。惨案发生后，中共云南地下党立即通过党的秘密外围组织“济难会”，号召青年学生起来组织服务团为灾民服务，并强烈要求国民党当局查清真相，惩办祸首。张天虚和聂耳都积极参加了救灾等各种活动。当局恼羞成怒，企图把这一事件嫁祸于共产党，在昆明大肆抓捕共产党人和进步青年，一时白色恐怖笼罩。党组织为了保存革命力量，通知聂耳、张天虚等进步青年撤离昆明。张天虚只好中途辍学，他和聂耳等于 1930 年先后离开昆明到了上海。

长篇小说《铁轮》

1930 年秋，张天虚到了上海，加入左翼作家联盟，开始从事革命文学创作。

张天虚“以一颗忠实的，为大众服务的心”，努力创作反映社会真实的作品。他到码头去体验工人的生活，到军队体验军旅生活。很快，他写了一部四五万字的中篇《黄浦滩头的梦》，并收集资料，开始创作长篇小说《铁轮》。

1932年8月，张天虚和聂耳到北平报考大学，但未能如愿。但在北平，他们结识了于伶等一大批左翼文化人士，参加了北平左翼联盟的许多活动，开阔了视野，表达了加入中国共产党的愿望。

在北平期间，他们同住在云南会馆。1932年10月20日，聂耳在日记中写道：“昨晚和张鹤、宏远发歪风，十一点钟还鼓动他们陪我一起跑马路，他们也觉得月色可爱，便心高气傲地手挽着手跑出去，三个活泼精悍的小孩，不顾一切地向前奔涌着。”从这些文字中，能感受得到几个年轻人的火热的生活。

1933年初，张天虚回到上海，全身心地投入到长篇小说《铁轮》的创作中。为写这部书，他日以继夜地挥汗疾书，有一次曾三天三夜没有歇笔，可谓废寝忘食呕心沥血。历时一年，终于完成了《铁轮》一书的写作。在写作《铁轮》时，张天虚仍积极参加党领导的革命斗争。这一年，他光荣地加入了中国共产党。

据相关资料介绍，《铁轮》是一部超大型的47万字的长篇小说。全书分为4部30章。小说通过主人公潘祥生由贫苦农民到成为红军战士的经历以及王振武由徘徊动摇的小资产阶级知识分子成长为革命知识分子的艰苦历程，为读者展示了20世纪20年代末、30年代初中国社会的真实面貌，是一幅丰富生动的“世界动荡核心的中国全面影”。同时，作品准确把握时代特征，用生动的艺术形象揭示出历史车轮前进的轨迹和发展趋势，表现出作者进步的历史观。

1933年7月，张天虚把《铁轮》稿寄给茅盾看，茅盾对书稿提出了意见并给予了鼓励。1934年5月改定文稿后，抄写送到印刷所去排印。刚要付印，印刷所被火烧了，一切化为了灰烬。

1935年，张天虚东渡日本，一边参与郭沫若创办的《东流》杂志编撰工作，一边重抄《铁轮》书稿，送请郭沫若审阅，并请为之序。

此时，聂耳也从上海到达日本。聂耳抵达东京后，和张天虚同住一间宿舍。1935 年 7 月 17 日，聂耳在鹄沼海滨游泳不幸罹难后，张天虚悲痛万分，立即奔赴藤泽鹄沼海岸现场，与日本当局交涉并亲理善后。聂耳追悼会上，张天虚写了《聂耳论》一文作为悼词，对聂耳精神作了高度评价。其后，他又与蒲风一起，主编了第一部《聂耳纪念集》。1935 年 10 月，他亲自把聂耳的骨灰护送到上海，让聂耳之魂，归还故土。

在几个好友的奔走相助下，经过许多磨难，《铁轮》终于以"东京文艺刊行社"的名义，于 1936 年 12 月在上海出版。

《铁轮》出版后，引起了强烈的反响。有人写文章评论："我们展开《铁轮》看，内容几乎全织进了总的现阶段中国社会的构成形态，……我们读着《铁轮》，感到自身在经历着一个孕育着暴风雨的天气，在沉重的阴郁中，却时有猛烈的闪电劈射。……《铁轮》作者的伟大企图，是相当地成功了的。"有人写诗赞叹这部恢宏巨著："人间丑态从头写，曾使文坛老将惊。"茅盾指出，《铁轮》是张天虚"痛心于十年'内战'的抗议"。郭沫若说："天虚这部《铁轮》，对于目前在上海市场上泛滥着和野鸡的卖笑相仿佛的所谓'幽然小品'，是一个烧夷弹式的抗议。"

《铁轮》显示着 20 世纪 30 年代左翼文艺运动的实践，是中国左翼文学运动进入"新的时期"的具有代表性的优秀作品之一。

战地记者

《铁轮》出版后，面对日本帝国主义的侵略和民族灾难的日益深重，张天虚的创作欲望更加强烈，他决定从事报告文学创作，用更真实、更快捷的文学形式反映伟大的时代、火热的斗争，唤醒更多的人去战斗。

1937 年 2 月，张天虚受党组织的派遣与许多进步青年一道来到山西太原，参加了中共领导、山西牺牲救国同盟会（牺盟会）举办的抗日训练班。张天虚在太原接受了20天紧张的军事训练，即以太原人民的抗日斗争为背景，创作了第一篇报告文学《军训日记》。此后，张天虚即奔赴延安。

"七七事变"后，张天虚参加了丁玲任主任的八路军西北战地服务团，并任通讯股长。他们冒着敌人炮火，活跃在陕西、山西一带。短短几个月中，张天虚带着通讯组深入军营、学校慰问采访，写下了多篇感人的通讯，分别寄往香港、上海和汉口。张天虚还根据所见所闻创作了报告文学如《征途上——从延安到太原》《行进在西线——从太原到临汾》《雪山道中》《我们的小鬼邓超》和《两个俘虏》等。

此外，张天虚还利用民间流传的文艺形式，改编了阳曲调《我们要做个游击队》、秧歌《打倒日本升平舞》、快板《人民的力量有多大》等进行宣传演出。同时，创作了宣传全民抗战思想的独幕话剧《王老爷》。

《王老爷》首演时，受到中央领导的高度赞扬，毛泽东观看演出后，还送给张天虚一支钢笔以示奖励。

1937年10月，云南组建第六十军开赴前线抗日。1938年初到达武汉，此时，第六十军一八四师师长张冲，主动与八路军武汉办事处和罗炳辉将军联系，要求罗炳辉派政工干部到该师工作。经中共中央研究，决定派周时英、张子斋、张天虚等云南人到一八四师工作。他们在一八四师建立了党支部，周时英任书记，张天虚负责宣传组织工作，主持编印了一份油印的名为《抗日军人》的小报，宣传党的主张，报道战地情况，先后发表了《运河的血流》《血肉筑成的长城》《活捉铁乌龟》《指挥所里》《火网里》《杀过单城集》等作品，很受官兵欢迎，为抗战史留下了珍贵的文献资料。

在1938年著名的台儿庄战役中，滇军一八四师奉命坚守制高点禹王山，与疯狂进攻的敌军血战27天，不仅成功地抵御了敌人潮水般的进攻，还发起反冲锋，大量杀伤了日军，立下战功。其中，张天虚等共产党人卓有成效的政治思想工作做出了重要贡献。

过度的劳累和战场艰苦的生活，张天虚患上了肺结核病，1939年初，张天虚不得不离开战场，回到昆明呈贡家中养病。

1940 年，张天虚病情稍稳定后，即辗转去到缅甸仰光，参加当地华侨报纸《中国新报》的编辑工作，发表了不少社论和文章。他还经常到华侨中去演讲，分析形势，宣传党的抗日思想，反对投降派。同时还完成了十多万字的中篇小说《五月的麦浪》初稿。

病逝昆明

由于操劳过度，身体日趋羸弱，病况恶化，不得不回乡疗养，1941 年 1 月，张天虚从仰光赴腊戌，然后转乘汽车返回昆明。同年农历八月十日（9 月 1 日）病逝于昆明西山脚下高峣慈群医院，终年 30 岁。天虚在其短暂的一生中，留下了 300 多万字的作品，他以杰出的文学成就，为后人留下了一笔珍贵的精神财富。

1943 年，张天虚被安葬于昆明西山原聂耳墓左侧。张天虚墓为圆形，三级石阶层层收缩，最上一层正中立圆柱形墓碑，正面为张冲题“青年文艺工作者张天虚墓”。背有郭沫若撰写的墓志铭 500 余字。

张天虚墓于 1983 年公布为市级文物保护单位。

湍流奋进

——周培源的山邑村故事

大浪淘沙，岁月留痕。滇池边周培源一家居住工作过的小楼，经历了百年沧桑，保留至今。如今这座小楼被命名为“周培源旧居”，成为市政府公布的文物保护单位，成为西山文化的一大亮点，只因为它承载着抗日战争时期一段特殊的历史，记载着中国人民的好儿女——周培源的一段艰辛而勤奋的岁月。

惊马狂奔，发生一场意外事故

20世纪40年代初，虽然战争的阴云仍然笼罩着昆明，但这个四季如春的城市依然秀丽如常。一天早晨，当和煦的太阳从东方缓缓升起，把第一缕曙光轻轻抹到林木葱茏的西山之巅时，从山下的一个小村庄里，一位中年男人骑着一匹枣红马，一前一后带着两个小女孩，沿着滇池边蜿蜒的小路，向北慢慢跑去。

枣红马跑过高峣村，转头向东，跑上了开通不久的滇缅公路。到了车家壁村，这位中年人把两个女孩送进一所小学校读书，然后一个人继续骑马向城里急驰。这时，天空已是云蒸霞蔚，五彩斑斓，阳光撒在点点渔帆的五百里滇池水面，泛起片片金光。骑者一年多来，一周有三天早晚在这条路来回奔跑，对这美丽的自然风光已是习以为常，他的思维，常常在另一个世人无法企及的高深领域遨游。

此时，意想不到的事情发生了。前面来了一辆汽车，风驰而过，马被吓得又蹦又跳，把骑者从马背上摔了下来。更为惊险的是：骑者的脚套在了马镫上，不能挣脱。马拖着头朝下脚朝天的骑者继续前跑，危急之时，路旁猛然站出了一位勇敢的农民，挺身相救，他冒险抓住奔马的缰绳，把马拦住，然后把骑者的脚从马镫中解开，骑者得以脱险。

骑者身高体壮，由于救助及时，伤得不算太严重。受到惊吓的骑者因有急事，匆忙中甚至没有来得及询问这位农民的姓名，说了一番感激的话后，便带着伤痛翻身上马，急驰而去。

但是，骑马人一家没有忘记这位救命恩人。四十多年后，他的女儿在回忆昆明生活时追述说："骑马是有危险的，一次马惊了，父亲从马上摔下来，脚却套在马镫上，被拖着跑了一大段路，幸亏被一位农民发现了才幸免于难。"而那位憨厚的昆明农民，他一辈子也不会知道他冒险相救的人是谁。

他，就是在国际上享有很高声誉的大名鼎鼎的科学家、教育家和社会活动家周培源。

山邑村周培源旧居

"不有居者，谁守社稷？不有行者，谁捍牧圉？"

在伟大的抗日战争中，除了炮火硝烟、刀光剑影的主战场外，还存在一个进行科研生产和教书育人的战场。许多爱国科学家、学者在这个战场以特殊的方式参加抗战，他们守护社稷传统，延续着中华文化的血脉，并为战后的建设进行科技和教育准备，默默无闻地辛勤工作。

周培源旧居大门

抗日战争全面爆发后，以西南联大为代表的一批著名大学和以中央研究院、北平研究院为代表的科研院所搬迁昆明，古老偏僻的昆明一时成为全国教育科研重要的文化中心之一。大师如云，名家荟萃，青年才俊聚集，学术科研成果斐然，人才辈出，成为昆明有史以来的又一个文化巅峰，蔚为壮观。

这一批来自五湖四海的科技精英，在战争岁月里，他们身居陋室，过着“饭甑凝尘腹半虚、既典征裘又典书”的清贫生活，他们经常负笈携物，顶风冒雨匆匆步行于街巷和乡间的阡陌小路。生活虽然艰辛，但他们以饱满的爱国热情、抗战必胜的信念，顽强地从事着面向抗战、面向祖国未来的科学研究事业，并取得丰硕成果。

当年，因敌机轰炸而疏散到西山脚下山邑村的西南联大教授周培源，就是这个英雄群体的杰出代表之一。

周培源1902年出生于江苏太湖畔宜兴。1924年清华学校毕业后赴美国留学，在三年半时间里，他在美国芝加哥大学、加州理工学院读下了学士、硕士、博士三个学位，完成了一般人需6年才能完成的学业。此后，又赴德国莱比锡大学，修完了博士后全部学业。1929年9月应清华大学校长之邀回国担任清华大学物理系教授。

1937年7月，抗日战争爆发。周培源夫妇带着两个年幼的女儿，随清华大学南迁，到了长沙，继而又迁昆明，任西南联大教授。

到了昆明后，周培源一家先住在大观楼附近的马家花园。1938年9月28日起，日本飞机开始轰炸昆明。周培源一家便搬到西山龙

周培源旧居内部

门脚下滇池边山邑村一座空闲的房子住下。那时，疏散到山邑村附近杨家村的西南联大教授还有周培源的挚友、物理学院物理系教授任之恭一家和工学院土木系主任陶葆楷及其家人。

山邑村位于滇池西岸，是一个依山傍水、风景秀丽的小村庄。村内有一座砖柱土墙木结构二层三开间的楼房，占地 80 多平方米，名叫“积翠园”。其宽展的前廊、方型石柱以及石砌的拱形门窗，有浓厚的欧美风味。中间房门两侧的石柱上则有两对楹联，一为写景的行书“山色送青入户牖，湖光引绿过阑干”，另一为抒怀的篆书：“中有白鸥闲似我，行尽青溪忽值人。”房前屋后，绿树成荫，庭院中有水池，庭院前便是清波荡漾的滇池。据说，该楼是一位曾留学美国的人士所建。据楹联书写的时间，应当建于 1925 年之前。

周培源自 1939 年底与夫人带着两个女儿来到山邑村，在这幢楼房里居住工作了三年多。期间，他们的第三个女儿出生。

山邑村三年多的时光不很长，但这三年多的岁月总是让周培源一家难以忘怀。他们的四女儿周如苹回忆说：“父亲母亲常常怀念云南的生活，正是因为这一段日子是他们一生中特别重要的一部分，也是全家与昆明人共患难的日子，是他们一生中最困难的一个阶段，为此对昆明有着特殊的情感，以致母亲曾多次表示，在她死后要睡在滇池中。”

山邑村距离昆明城大约有 10 多公里左右的路程。周培源买了一匹马，取名“华龙”。他每天早晨 5 点起床喂马、刷马，然后骑马送两个女儿到车家壁小学读书，有课的时候再前去西南联大上课，没课的时候就回家做科学研究。

“周大将军”

周培源骑马照

教授骑马上课，讲授现代科学，这也成为一个典故。物理系主任饶毓泰称周培源是“周大将军”。

当然，饶毓泰所指的不仅只是周培源的马上雄姿，而且指的是他在中国近代物理学界的地位和作用。20世纪上半叶，我国一批学者在物理学的各个领域都做出了一些一流水平的研究成果，对现代物理学的发展做出了重要贡献。各个领域都有其学术带头人，周培源就是力学、相对论、引力论及宇宙论领域的领军人物。

抗日战争期间，周培源在西南联大物理系任教6年。一共开了《力学》《流体力学》《电动学》《普通相对论》和《电动力学》等五门课程。其中，每年都开的课程是《力学》。《力学》是联大物理系的基础课，而《流体力学》《普通相对论》《电动力学》等课程是高年级和研究院学生的课程。当时，学校里实验条件很差，但这样的前沿课题却令西南联大的学生们兴奋，林家翘、胡宁、郭永怀、钱伟长等人都于此时追随周培源从事流体力学研究，后来都成为各领风骚的卓然大家。

周培源不仅学术造诣深厚，他的学风和敬业精神对学生更有深远的影响，深受同学的敬重。他讲的课程基本都是自编讲义，经常自刻蜡纸，亲自油印讲义发给学生。搬到山邑村居住后，周培源家离联大较远，他本可以要求学校将这课程集中讲授，但为了同学们学习效果好，他从不采取连续数小时集中讲授的方式，不辞数小时辛苦跋涉，每周三天来校授课，而且从不迟到一分钟。

攀登科研的“龙门”

“龙门”的名称，来源于一个古老的神话传说故事——“小鲤鱼跳龙门”。传说山西省河津市境内的黄河边的龙门，是大禹治水时用神斧劈开的“禹门口”。每年的暮春时节，大量的鲤鱼从黄河下游蜂拥而来，顶着逆流，腾跃而上，跳过龙门以上的水道，鲤鱼即化为龙。

周培源与友人在龙门村家中

就在西山龙门下的山邑村，周培源在他的“湍流”里，也开始了奋力向又一座科学“龙门”的飞跃。

此前十多年来，周培源的精力主要集中在对爱因斯坦的“相对论”的研究并做出杰出贡献。在滇池龙门村，周培源调转了这一十几年的研究方向，开始从事他的第二个专业——湍流理论的研究。理由是：相对论是长期的理论课题，不能直接为抗战服务。大敌当前，科学家须以更具实用意义的科学项目来报效祖国。

当时，湍流理论是物理学最困难的领域之一。人类如果攻破湍流奥秘，天上的飞机或水下的船艇，都可以减少阻力，避免因空气或水流涡流造成的事故，提高效益、提高能量，用途十分广泛。

在山邑村，周培源沉潜于湍流理论的研究，整日把自己关在一间小楼上，甚至与来访的好友达成默契：来去随意，不必应酬接待。

周培源的研究很快就出了成果。1940 年，他发表了第一篇湍流论文，在国际上首次提出需要研究湍流的脉动方程。

1945年，又发表了《关于速度关联和湍流脉动方程的解》，在国际上产生了重大影响。这篇论文被国际科学界视为经典，至今仍为人们所引用。数年后，他所提出的湍流的解在国际上发展为湍流模式理论，被世界公认为湍流模式理论的奠基人。

周培源成为湍流模式理论的创立者，成功地跃上了科学的“龙门”，就是在小小的山邑村的阁楼上起步并奠定了基础。

周培源一家在龙门村家中合影

山邑村：一首苦涩而甜蜜的歌

在昆明的几年中，周培源一家的生活极其清苦，这是他们一生中最艰苦的日子。

周培源的夫人王蒂澂生于东北吉林。她有北方人的性格，大气、洒脱，又有江南女子的清秀、雅丽和灵性。在山邑村，令他们高兴的是，他们的第三个女儿出生。可爱的女儿给家庭带来了欢乐与甜蜜，但也给本来就艰难的生活增添了更多辛劳。受过高等教育的王蒂澂承担着繁重的家务，全心支持周培源的教学和科研。

孩子们的眼中，山邑村的生活既是美好的，也是苦涩的。这里依山靠海，风光如画，还有父母长辈的关爱，但是，吃不饱肚子的事也是常有的。饥饿，不时困扰着幼小的心灵。大女儿如枚常带着二女儿如雁把“华龙”的马豆子，拿到外头挖个坑烧着吃，一是淘气，二

也是因为嘴馋。

周培源一家也给山邑村留下了深刻的印象。村民段春林回忆说："我记忆中的周培源教授是一位生活朴素、很有礼貌、平易近人、和蔼可亲的人。有时见他骑匹大马，有时见他骑上自行车往村里出进。"山邑村的金线鱼是享有名气的美味。为了周家年幼的孩子，村里有位捕金线鱼的能手名叫段祖，他经常把捕到的金线鱼送给周家。

离开山邑村

1943年初，周培源享受第二次学术休假，再赴美国，到加州理工学院从事湍流科学研究工作，从而离开了昆明，离开了居住三年多的山邑村。

周培源1947年回国，任清华大学教授和教务长。1950年后，周培源在北京大学任教，1955年当选为中国科学院数学物理学部学部委员（院士）。先后兼任中国科学院副院长，中国物理学会理事长，中国科协书记处书记、主席，1982年荣获国家自然科学二等奖。多次被选为全国人大代表和全国政协委员，并长期担任全国政协副主席、九三学社主席等领导职务。1993年11月24日因病逝世。终年93岁。

大浪淘沙，岁月留痕。滇池边周培源一家居住工作过的小楼，经历了百年沧桑，保留至今。建盖它的那位曾到美国留学的先生是谁，人们早已忘记。但这座小楼如今被命名为"周培源旧居"，成为省政府公布的文物保护单位，成为西山文化的一大亮点，只因为它承载着抗日战争时期一段特殊的历史，记载着中国人民的好儿女——周培源的一段艰辛而勤奋的岁月。

周培源旧居内的展览

清波探寻

——北平研究院动物研究所在西山苏家村

如今看来，他们的这个科研项目，是有史以来第一次应用现代科学理念和先进仪器，对滇池的水生动物开展的科学调查，以科学的语言记录了当时滇池的水质和水生动物的状况。这在滇池地区生态文化中具有重大的里程碑式的意义。

我国湖沼学的开端

那是1939年的秋天，清晨，滇池上空，微曦初现，朝阳刚刚冒出东山，而月亮尚未隐去，淡淡地，挂在湛蓝的苍穹。波平如镜的滇池水面，雾岚弥漫。远处，不时响起几声水鸟的鸣叫。此时，一艘木船从西山下的苏家村出发，驶过海菜花盛开的水面，向深海驶去。

从外观看，这条木船十分普通，与滇池中的渔船和运输船并无大的差异。但仔细观察，这条木船与其他木船又有很大不同，有点神秘。

船上载有2位中年人和3位青年人，他们不是渔民，但船头堆有渔网等捕捞用具；他们不是游客，但从衣着和神态看，他们显然不是本地村民；带篷的船舱中没有货物，说明这也不是一条运输船，但是它却每天漂泊于滇池不同的水域。

这条看似普通而又神秘的木船，有着一个不凡的名称——“北平研究院动物研究所调查船”，它承担着一项平凡但史无前例的科研课题——“云南昆明湖的形质及其动物之研究”。船上的2位中年人，是北平研究院动物研究所所长陆鼎恒和副所长张玺，3位青年人都是该所的研究员助理。船舱中，放置着当时国内最先进的水文、水质测量仪器和放置水生动植物标本的玻璃器皿。

滇池是一座孕育生命的湖泊，无论是周边的陆上植物和动物或是水生生物，种类繁多。滇池地区自有人类生活之日起，便与滇池生物发生了密切关系。

自古以来，滇池鱼类和外蟹、虾等节肢类动物和螺、蚌等软体动物都是人们美好的食材。然而，限于科学技术条件，长期以来，人们对于滇池水生动物的种类、习性以及生长变化情况，尚缺乏科学了解。

历史的步伐缓缓前行，滇池在静静地等待，等待用科学的眼光揭开滇池水生生物奥秘的那一天。当历史的步伐进入20世纪30年代末期，科技的进步和历史的机遇，滇池终于等来了这一历史时刻。

陆鼎恒和张玺都是当时著名的动物学家和海洋生物学家。如今看来，他们的这个科研项目，是有史以来第一次应用现代科学理念和先进仪器，对滇池的水生动物开展的科学调查，以科学的语言记录了当时滇池的水质和水生动物的状况。这在滇池地区生态文化中具有重大的里程碑式的意义。这，也是我国湖沼学的开端。

北平研究院动物学研究所

那么，北平研究院动物研究所是什么样的研究所？它又为何来到西山脚下，开展滇池水生动物的调查研究呢？

北平研究院动物研究所是国立北平研究院下属的研究所之

一。国立北平研究院1929年成立于北平（北京），隶属于教育部，是民国时期最大、最有影响力的两大研究院之一，另一个便是隶属于中央政府的中央研究院。他们在中国近代科学史上都占有重要的地位。

抗战爆发后，北平被日军占领，北平研究院被迫流离迁徙，一些研究所和所有的研究会停办，保留的物理、镭学、化学、动物、植物、史学等6个研究所及院部全部搬迁到昆明。其中，动物所设在西山脚的苏家村。当时动物所人员并不多，只有6名工作人员，除所长陆鼎恒外，有研究员张玺，助理研究员有成庆泰，助理员夏武平，技术人员刘永彬、何清。他们拥有从北平带来的先进设备和仪器。

所长陆鼎恒是北平（北京）宛平人，出身于名门望族。22岁毕业于法国里昂大学理学院。回到北平后，任中法大学附属西山中

西山脚下的滇池水域

学主任，24 岁担任中法大学卢克模学院生物学系教授，1929 年 26 岁时任北平研究院动物研究所所长，是名家云集的北平研究院最年轻的所长。来昆明之前，陆鼎恒主要致力于苔藓、虫类的搜集和中国稀有动物分类及分布研究，出版了许多学术著作。其间，从 1932 年开始，为研究珍稀动物黑颈鹤的分布，他跑遍了东北和整个西部，认定我国四川、云南、青海、西藏均有黑颈鹤分布，从而奠定了我国黑颈鹤研究的基础。目前成为黑颈鹤自然保护区和旅游胜地的昭通大山包，早在 1932 年，陆鼎恒就前曾往调查。

研究员张玺是河北平乡人，比陆鼎恒年长 5 岁，与陆鼎恒是法国里昂大学理学院的同学，但比陆鼎恒晚一年入学。张玺在法国留学长达 10 年，获博士学位回国后，即受陆鼎恒之聘，到国立北平研究院动物研究所任研究员，并在北平中法大学生物系任教。

在法国时，张玺专攻软体动物后鳃类的研究，回国后主要从事海洋动物学研究，常住青岛工作站。期间，主持与青岛市政府联合组织的“胶州湾海产动物采集团”的工作，首次对胶州湾及其附近的各类海产动物及海洋环境做了全面的调查，共发表了采集报告和研究论文计 100 多万字，并在青岛首次发现了介于无脊椎动物与脊椎动物之间的柱头虫，成为著名的海洋动物学家。

到昆明之后，研究条件发生了很大的变化，不能全国到处去调查了，海洋也不能去了，在国难当头的情况下，他们注重动物学的实用功能致用，结合昆明的实际，他们选择西山脚下滇池边的苏家村，租用三间小学校的房屋并自建了七间茅草房安营扎寨，以云南的高原湖泊为对象，开始对淡水浮游生物、软体动物等和渔业开展研究。“云南昆明湖的形质及其动物之研究”就是他们的主要课题。

陆鼎恒

陆鼎恒去世

不幸的是，研究进行中，1940 年 4 月 19 日。所长陆鼎恒因患左腿骨髓炎病逝于昆明甘美医院，年仅 37 岁。安葬于苏家村后西山半山腰处。

陆鼎恒是抗战时期唯一安葬于昆明的迁昆科研院所的著名科学家。陆鼎恒墓的墓冢为一长方形平台，碑立于墓冢之后，正面书“北平研究院动物学研究所陆故所长鼎恒之墓”。落款为“国立北平研究院同仁敬立”。

墓碑背面由陆鼎恒在里昂大学时的同学、时任迁昆的中法大学教员夏康农撰文，简介墓主生平并表达了痛惜之情。碑文云：“先生天资与之治学之敏，使天能假之大年，则对于学术之贡献必当有十百倍而当今者。先生不幸英年夭亡，此同人之所以为先生伤痛而又不仅为先生伤痛者也，悲夫！”

陆鼎恒去世后，北平研究院即任命张玺继任动物学研究所所长，继续研究工作。

继承遗愿

张玺继任所长后，按照陆鼎恒生前拟定的课题计划，继续组织和率领全所人员对滇池水质和水生动物进行调查。对滇池的总面积、容积、水深、水温、水透明度等和其间生活的各类动物均做了调查和记载。

他们的调查进行得十分艰难，当时，他们依靠那条小木船，经常起早贪黑，带着干粮，时而在波平如镜的湖面上划行观察，时而迎风顶浪，艰难前行取样。一次遇到风浪，小船颠簸，张玺落入水中，好在水不深，才幸免于难。

为了弥补工作经费的不足，该所还与云南省建设厅合组水产试验所，由张玺兼任所长。

通过两年多的调查测量和研究，张玺撰写并发表了“云南昆明湖的形质及其动物之研究”的课题报告。此外，张玺和其他研究人员亦有多篇专题调查报告发表。

由于滇池的调查研究，张玺的海洋动物学家的称号前，又加上了湖沼学家的称号。他的调查成果，当时不仅为西南联大生物系作为形态、生理实验的好材料，而且为以后滇池的研究和治理提供了科学依据。此外，他还发表了有关鱼类、两栖爬行类、软体动物等领域的许多论文，成为我国软体动物学研究的奠基人，也成为研究后鳃类的世界知名学者。

据张玺等的调查，滇池水生动物中，滇池的鱼类区系组成类元比较简单，只有 7 科、18 属、23 种，其中 12 个种和亚种为滇池所特有，占 52% 左右。滇池中的大型无脊椎动物 51 种，包括 4 种海绵动物和 2 种腔肠动物。其中方格短沟蜷在滇池中也有很大的群体数量，椎实螺科的云南萝卜螺在全湖普遍分布。螺蛳属有 6 种，其他螺类 10 种。生活于水草间的蝾螈在世界上只有滇池有分布，而属于田螺科的螺蛳，亦是只有云南才有分布的物种。

1950年后，张玺曾任中国科学院南海海洋研究所所长、中国海洋湖沼学会理事长、中国动物学会常务理事、国家科委海洋组成员等。当年在苏家村动物研究所的几位年轻的研究员，后来都成为著名科学家。其中，成庆泰从研究滇池鱼类起步，成为著名鱼类学家，夏武平是我国兽类学和生态系统研究的奠基人之一，齐钟彦成为我国著名贝类学家。

目前，苏家村动物所的几位科学家早已离开人世，他们居住工作过的那些建筑物也不复存在，只有陆鼎恒墓在丛林中伫立，但是，他们与那个时期所有怀抱爱国信念，坚信抗战必胜，在艰难困苦中为了祖国未来强盛默默工作并开创滇池生态文化新篇章的一代学人，将载入史册，活在人们心中。

任重道远

20世纪70年代后期，由于各种原因，滇池生态环境破坏，水质恶化，蓝藻暴发，沉水植物消失，水生动物的组成已发生了较大变化，底栖动物群落衰退，种类和数量明显减少，许多种类趋向消亡。

据云南大学学报1985年第七卷发表的云南大学生物系何纪昌、刘振华《从滇池鱼类区系变化论滇池鱼类数量变动及其原因》一文，滇池的土著鱼类在1981年至1983年的调查中，原有的23种土著鱼类中仅采集到7种，其他16种土著鱼类未采到标本，可能已经绝种。中国科学院水生生物研究所王丑明、谢志才等人于2011年发表在《动物学研究》杂志的“滇池大型无脊椎动物的群落演变与成因分析”一文中记述，述及滇池无脊椎动物已从张玺等

调查时的 51 种减少至 33 种，4 种海绵动物和 2 种腔肠动物已绝迹，一度在滇池地区广泛分布的螺蛳在 2009 年被世界自然保护联盟列入了极危物种。

习近平总书记指出“山水林田湖是一个生命共同体，人的命脉在田，田的命脉在水，水的命脉在山，山的命脉在土，土的命脉在树”，道出了生态文化关于人与自然生态生命生存关系的思想精髓。

近年来，我市在党的十八届三中全会提出深化生态文明体制改革，加快建立生态文明制度精神指引下，开展了滇池污染的治理，并取得很大成效。

感谢陆鼎恒、张玺及北平研究院动物研究所其他科学家，为我们治理滇池留下了珍贵的科学资料。

滇池生态治理，任重道远。

苏家村动物研究所

一得观天
——云南近现代气象文化的先声

陈秉仁认为自己的气象测量知识和技术还有很多欠缺，但古人说，“愚者千虑，必有一得”，凡事只要深思熟虑，必然会有新的收获，有所进步。从此，他将自己的名字改为“一得”，测候所的名称也叫作“私立一得测候所”。

一次改变人生道路的考察

我国自古就有天文、气象、地震观测等方面的优良传统，并一度在世界上处于领先地位，但自16世纪以来，西方先后出现了气压表、温度计、湿度表、风向风速计、雨量器、蒸发皿、日射表等科学仪器，逐步形成了近代天文学、气象学、地震学等学科，天文气象的观测和研究远远超过了我国。

清末，帝国主义列强纷纷在中国设立了众多气象观测机构，收集气象资料为各自的军事、航行、商船服务，中国政府无权过问。面对严峻的现实，1905年，清光绪状元、中国近代爱国实业家、教育家张謇毅然采购先进的设备仪器，聘请专人，开办了中国第一个私人气象观测站——南通测候所。

南通测候所的创办，既是大兴民族实业、建立近代科研机构的举措，也是反对帝国主义侵略的产物。

南通测候所创办21年后的1926年，一位来自遥远边疆的云南人陈秉仁来到这里。他站在那间用平房改建的测候所前，感慨良多，深为触动。

那时我国已经在北京建立了官办的“中央观象台”，设有天文、气象、历法、磁力地震等4个科，开启了我国近代气象科学事业的发展途程，内地一些地区也建立了一些私立的气象台。然而，云南的气象观测和预报还一片空白。他亲眼看见，南通测候所不过是三间中式平房，屋顶中央设露天平台，放置气象仪器。这样的条件他也能够办到。于是，他暗暗下定决心，要在昆明自办一个测候所。

陈一得

陈秉仁这年已经40岁，当时他的身份是昆明市第五小学校长、昆明市教育课的督导和云南省教育经费委员会委员。陈秉仁此行是作为第十二届全国教育联合会云南代表，赴南京参加全国教育工作会议。会后，利用到江苏、浙江、湖北、河北考察教育的机会，作为一位业余气象爱好者，对所到之处的观象台、天文台进行参观考察，然而，就是这次南通测候所之行，改变了他后半生的人生历程。

陈秉仁，1886年10月出生于云南乌蒙山区昭通府大关厅盐井渡老鸦滩（今盐津县城盐井镇）一个小商人家庭。陈秉仁少年时就对地理、气象、天文、地震等自然现象等有着浓厚的兴趣，但始终没有机会进入专门学校进行系统学习。

1915年，陈秉仁以优异的成绩毕业于省两级师范学堂后，被省立中学聘为教师，从事数理化学科教学。同时自修近代天文学、气象学、地震学等。

陈秉仁的敬业精神和教学成效赢得了同行和社会的认可，先后被委任为昆明市第五小学校长、昆明市教育课的督导，被选为云南省教育经费委员会委员。

于是，有了这次对南通测候所的参观考察。

陈秉仁离开南通到上海，自费购买部分气象、天文观测仪器运回昆明，一个在云南家乡观天测云的愿望正走向现实。

一

从陈秉仁到陈一得

陈秉仁回到昆明后，他辞去了已经从事十二年之久的教育工作。1928 年春，在昆明市钱局街 53 号自家一个小小的四合院平房内，建立了云南第一个“私立测候所”。此时，陈秉仁认为自己的气象测量知识和技术还有很多欠缺，但古人说，“愚者千虑，必有一得”，凡事只要深思熟虑，必然会有新的收获，有所进步。从此，他将自己的名字改为“一得”，测候所的名称也叫作“私立一得测候所”。

仿效南通测候所，陈一得把住宅的屋顶拆除一部分，改为平台，安装上望远镜、气压表、温度计、湿度表、风向风速计、雨量器等仪器。至于工作人员，当时除了陈一得本人当主任外，就只有妻子刘德芳、胞弟陈仲仁任观测员，义子陈永义任助理员。从此，他们一家 4 口人每天轮流在每天 6 点、14 点、21 点，定时观测昆明的气压、气温、湿度、蒸发、雨量、风向、风速、云、能见度等气象要素，坚持长达十年之久从未间断。

有一次。中央大学地理系调查团到一得测候所参观，深为感动，称赞其为“科学化的家庭，家庭化的科学机关”。

1931 年，陈一得自费前往中央研究院气象研究所在南京气象台开办的专业学习班进修，得到气象权威专家竺可桢的指导。此后，

测候所全体人员，左起：陈一得、刘德芳、陈仲仁、陈永义

他用长达半年多的时间，先后考察了上海徐家汇、江苏南通、武汉、北京、天津、青岛等地的天文、气象、地震观测台，并曾到日本东京、横滨的气象台和地震研究所考察，进一步提高了科研水平。

一得测候所虽然条件简陋，人员很少，但它一直是昆明地区唯一一家气象观测站，被官方称为“昆明市代用测候所”。测候所每天都按时观测记录昆明的晴雨、温度、湿度、风向、云形等情况，并进行统计、整理，定期印行，提供给政府、学校等机关使用。除在国内进行交换外，还在国际进行交换。这不仅对本地区，而且对全国性的、国际性的气象观测、预报都做出了一定的贡献。

一得测候不仅仅是一个气象观测站，还是一个研究机构，陈一得利用这个平台，还对昆明的雨量变化、天文星位以及云南地震等做了多方面的科学研究并取得丰硕成果。如：

昆明雨量研究：1930 年 7 月，经过三年的实际观测和查阅浩繁资料，陈一得发表了《昆明市之雨量》论文，第一次用昆明降雨实测资料，结合季风变化，科学论述了昆明雨量的变化过程和原因，做出了规律性的分析和概括，并提出了加强水文气象预报、疏导河流、修筑堤坝、保持水土的建议。

创制《昆明恒星图》和《步天规》：陈一得经过多年的观察，绘制出第一张“昆明恒星图”，并由夫人刘德芳用丝线刺绣于绸缎上。这是近代云南历史上首幅天体地图。根据这张“昆明恒星图”，陈一得创制出了供观测天体星象的科研测量仪器“步天规”。所谓“步天规”，就是一个星座圆盘，上刻有经纬度度数，并装有一个可以旋转的照准仪，用它就能观察天空星座的不同位置。步天规与西汉天文学家张衡发明的“水运浑象仪”有异曲同工之妙，是对中国天文学的一个重要贡献。

地震研究：在地震研究中，陈一得查阅历代云南地震资料，实地调查地震活动的成因、规律。他将地震分为火山地震、断层地震和陷落地震三大类，并发现了地震与天体运行的关系，先后写下了若干专论，为发展云南的地震研究事业打下了基础。

这一时期，陈一得还参与了大量的社会科普和一些科研工作，如接受了当时昆明城鸣放午炮、街钟定时、推行标准时制的工作。1934 年 12 月 19 日，在省教育厅和云南大学校长何瑶的主持下，陈一得用天文观测仪器，在云南大学体育场首次实测云南真子午线获得成功，准确地判定了清康熙年间的天文测绘的原始点位。这次复测的成果被刻在碑石上，保存至今。

抗日功业

1936 年 5 月 30 日，国民政府训令各省筹办气象测候所。由于私立一得测候所已经开办了 8 年，有了很好的基础，云南省政府遂将私立一得测候所改组为省立昆明气象测候所，任命一得测候所的所长陈一得为所长。

陈一得选定了昆明西山太华山作为所址，并亲手设计了建设方案。他带领工人，在无路、无水、无电的山顶，依靠人背马驮，克服重重困难，历时两年建成了办公楼和观测场。陈一得将全家搬到山上，和站里的几十名员工一起，开启了云南官办气象的新篇章。同时，陈一得制定了《地面气象观测规范》，编制了《观测凡例》《组织简章》《办事细则》等一整套规章制度，确保气象观测工作规范、严谨地进行。昆明气象测候所于 1937 年 6 月正式开始气象观测、发布气象报告。2 个月后，抗日战争全面爆发，新成立的省立昆明气象测候所承担新的使命，面临新的考验。

抗日战争全面爆发后，自 1938 年初，原在杭州笕桥的中央航空学校迁来昆明巫家坝机场改名组为中央空军军官学校开始，此后民航欧亚航空公司和中国航空公司以及美国志愿队、驻华美国空军特遣队，美国陆军第十四航空队等相继进驻昆明，昆明一时成为全国最大的空军基地和民航中心。在这一背景之下，为航空飞行提供气象资料成为保障航空的安全的当务之急。于是，西山太华山顶的

昆明气象测候所，义不容辞地承担起为航空飞行提供气象资料的任务，为保障航空的气象安全发挥了重要作用。

抗战时期，昆明气象测候所除了为航空和市民提供气象预报例行的工作，还发挥了其他一些特殊的作用。

其一，因抗战全面爆发，中央研究院天文研究所及所属的南京紫金山天文台欲内迁，所长陈一得知道消息后，即撰文《昆明气象与天文观测》公开发表，得出“昆明气象适宜天文观测，优于南京”的结论。因此中央研究院天文研究所和紫金山天文台前往昆明，建立了昆明凤凰山天文台。

其二，1940 年代，为缓解人多地少的矛盾，政府欲再次泄滇池之水造田。陈一得根据滇池地区地质学、气象学的研究成果，指出泄湖造田之议“有害无利”，并列举了泄湖造田的十大危害。他的科学论证，得到重视，对阻止泄湖造田之举起到重要作用。

其三，云南省从 1930 年启动《新纂云南通志》的编纂工作，陈一得参加了《新纂云南通志》和《续云南通志长篇》中天文、气象志的撰修工作。他破除旧志以天人感应观点对自然现象进行记载和解释的封建迷信色彩，用现代科学的理论和方法对自然现象进行阐释，而且首创用实测气象资料撰写气候志的先例。

其四，1941 年，陈一得随同昆明凤凰山天文台组织的观测团赴甘肃临洮县参加观测日全食活动。他通过准确推算，寻找到了确定观测方位、角度的参照星座。全团推荐他做《日全食气象观测报告》的演讲，这个演讲成为他天文学研究的重要代表作。

抗战全面爆发后的八年，陈一得在太华山坚持工作了八年，除了监测天气变化，坚持科学研究，还为国计民生、为抗战航空服务，为抗战胜利做出贡献，令人赞扬。

1937 年建成的昆明气象测候所

一得楼现状

一得楼风采

抗日战争胜利后，陈一得因病辞去昆明气象测候所所长职务，回到阔别二十多年的故乡，受盐津县县长杨竹铭的邀请担任《盐津县志》编纂主任。历时不到两年，《盐津县志》于 1948 年秋编纂完成，给家乡留下了一笔厚重的历史文化遗产。同时他在县城设立简易气象测候站，亲自观测并聘助手，教会观测、记录，为家乡奠定了建立气象观察记录的基础，然后才依依不舍地告别家乡父老，回到昆明。

1950 年云南解放，已经 64 岁的陈一得由衷地为新中国的成立而欢欣鼓舞，他欣然赋诗一首：

旭日东升万木春，壶浆箪食迎亲人；
冰天冻解独夫及，锦绣河山还亿民。

面对国家万象更新、百废待兴，陈一得再一次焕发出科研热

陈一得夫妇墓

情，先后担任云南省博物馆第一任馆长、中国气象学会云南分会主席、中苏友好协会副主席、昆明市政协副主席等职。1958 年 10 月 17 日，陈一得因便血症发作，经抢救无效逝世，享年 72 岁。

陈一得一生从事科研，留下了丰硕的成果和著作。他的治学精神，也成为一代代气象工作者的楷模。他于 1937 年建成的省立昆明气象测候所于 1954 年 4 月改名为太华山气象站。如今，当年建成的办公楼依然屹立，仍然保留着昔日的风采。为纪念陈一得的历史功绩，该楼被命名为“一得楼”。1990 年代初，陈一得墓也由马街白花山迁至太华山气象站一得楼旁。1993 年，一得楼被云南省政府公布为省级文物保护单位。2008 年在此成立了云南气象博物馆，相继被授予“全国科普教育基地”“云南省爱国主义教育基地”“云南省科学普及教育基地”“全国气象科普教育基地”等称号。

如今，当我们游览风光如画的西山，是不是应该走进太华山气象站，领略这位杰出科学家的传奇人生和一得楼的风采呢？

普坪石刻

——李根源在普坪村

普坪村翠峰山之名，据说早在南诏大理国时期已经出现，但在名山秀水众多的滇池地区并不显眼。直到 20 世纪 30 年代末期，曾兼署过民国国务总理的李根源来到此地，在山上镌刻了十多处摩崖题刻，翠峰山才随之受到人们的广泛关注。

翠峰山与李根源

滇池岸边的山地中，怪石嶙峋的喀斯特地貌并不少见，只是因其往往呈条块状分布，规模不算很大，很少引起人们的关注。然而，西山区海口的石城和普坪村后的翠峰山却是例外。这两处“小石林”，都因名人雅士的光临和诸多摩崖题刻，平添了浓厚文化色彩而颇有名气。

翠峰山位于普坪村的西面，因山峰高耸和林木苍翠而得名。山上石峰林立，背靠巍巍赤鼻山，前临浩瀚滇池，风光之优美，自不待言。

翠峰山之名，据说早在南诏大理国时期已经出现，但在名山秀水众多的滇池地区并不显眼，直到 20 世纪 30 年代末期，曾兼署过民国国务总理的李根源来到此地。在山上镌刻了十多处摩崖题刻，翠峰山才随之受到人们的广泛关注。

李根源（1879—1965 年），字印泉，云南梁河人。早年留学日本陆军士官学校并加入中国同盟会。1909 年回到云南，任云南陆军讲武堂监督、总办，是云南辛亥重九起义的主要发动和组织者之一，后任北京国会众议院议员。反袁护国战争中，曾任护国军军务院副都参谋。此后历任驻粤滇军总司令、陕西省省长、北洋政府航空督办、农商总长，兼署国务总理。1921 年，隐居苏州，潜心文史研究达 10 年之久。

"九一八"事变后，在民族危亡的紧急关头，李根源激于义愤，走出书斋，积极到各地演讲，呼吁抗日。抗日战争全面爆发后，1938 年秋，62 岁的李根源回到云南，被云南省主席龙云聘为省政府顾问。李根源虽然离开云南多年，回到了家乡，倍感亲切。他在游览大观楼时，赋诗《登大观楼》云：

离乡廿七载，扶病返山丘。
忧时惟有泪，洒向大观楼。

李根源

此时，刚好滇缅公路全线通车。经选择，李根源打算在西郊滇缅公路旁的普坪村买山筑舍居住。

这一年重阳节，李根源和友人王灿登上了普坪村后的翠峰山，看到山石突兀，洞穴交错，山下滇池，碧波万顷，和风宜人，想到正在烽火前线厮杀正酣，想到流血牺牲的"兄弟"们，感慨良多，遂赋诗《民国己卯九日普坪山登高作》：

白云松海梦依违，手把黄花泪湿衣；
闻道湘江新破虏，吴山立马尚能归。
清虚洞口瞰秋湖，香稻初黄枫染朱；
此日登高亿兄弟，伤心不敢插茱萸。

与他一起登山的王灿也和诗《己卯九日偕印老普坪山登高即和微壹韵》曰：

龙山高会思桓孟，我与将军孰是非；

笑把黄花真负汝，十年做客始偕归。

昂头九老笑相呼，西壁登高问有无；
天纵两人诗胆壮，湖山今已属五徒。

此后，李根源将这两首诗，连同“普坪石隐”四字镌刻于翠峰山的石崖上。

从“普坪石隐”和落款“民国二十七年九月自迪化归置山于此”看，当时李根源确实购买了这里的一片山林，有心打算在此隐居。不过，稍后不久，李根源在安宁温泉螳螂川西岸龙山东麓购置山地建盖了龙山别业作为住所。

然而，似乎翠峰山与李根源有着不解之缘。1939 年 10 月，原云贵监察使任可澄因年迈体弱辞职，国民政府监察院院长于右任推荐李根源继任。在当时的条件下，监察使形同虚设，并无实质性的工作，但毕竟是一方官员，有其“办公”的使署。云贵监察使署原在昆明城内翠湖边。

李根源接受任命后，因离开故乡九保已有二十多年，为了实现多年夙愿，便告假回乡扫墓探亲。1940 年清明后方回昆到职。到职之后，由于敌机经常轰炸昆明城，许多机关学校等均疏散郊区，于是，李根源想到了翠峰山。那里距离城市不远，交通方便，而且又是前往安宁温泉龙山别业的必经之地，于是，他在翠峰山下的普坪村宝华寺建盖了一幢简易的二层楼房，作为云贵监察使署的疏散地。当时，宝华寺已经作为普坪小学使用。

朱德和诗

云贵监察使署搬迁普坪村后不久，1940 年 7 月纪念全面抗战三周年时，李根源感赋七绝五首，寄慰前敌将帅诸公，发表在重庆大公报上。

李根源的原作全文如下：

三年血战挫天骄，杀气如云万丈高。
再接从今还再厉，会须入海斩鲸鳌。

欧西法国夙称强，战未尽年竟败亡。
我抗东倭卅六月，神奖诸将自堂堂。

前方抗战后方同，西缅南交已伏戎。
我老据鞍犹警计，好偕袍泽赋秦风。
镶夷大义秉春秋，雪耻争存报国仇。
痛饮黄龙一搏酒，从容收拾旧神州。

中原父老望旌旗，说到倭夷愤不平。
努力齐心争后着，定摧顽寇奠新京。

令李根源没有想到的是，半个月以后，李根源在普坪村收到了吴玉章从成都邮寄来的朱德的赋诗和给李根源的信函。

信中说，“读（大公报）载印师‘七七’三周年纪念赠抗战将士七绝五首，民族正义，溢于辞章，拜读之下，莫名钦感。谨和原韵，邮呈指正。”

朱德的赋诗五首，全文如下：

败不馁兮胜不骄，荡平倭寇气犹高。
军民一致复华北，铁腕齐挥歼海鳌。

法军统帅枉称强，反共仇苏自取亡。
新史当为吾国鉴，运筹决胜在朝堂。

报国仇同志亦同，精诚团结伏强戎。
吾帅气壮身犹健，扫寇归来唱大风。

苦战三年复春秋，河山还我慰同仇。
他年痛饮龙江外，长戍边疆卫九州。

当年父老授旗旌，诲我谆谆将寇平。
前线后方齐努力，定驱暴日返东京。①

普坪石刻之一

李根源是朱德早年在云南陆军讲武堂求学时的老师，二人之间有着师生之谊。朱德时任八路军总司令，戎马倥偬之中，赋诗写信赞扬和鼓励恩师，自然给李根源巨大的鼓舞，也为普坪村留下了一段佳话。

李根源没有辜负朱德的期望，作为省政府的顾问和云贵监察使，在湖光山色的普坪村和松涛泉声的龙山别业之中，李根

① 引自李希泌：《记朱德委员长》，见《新编曲石文录》，昆明：云南人民出版社 1988 年版，第 5–7 页。

源以敏锐的眼光，洞察着政治军事风云变幻，以睿智的头脑，思考着克敌制胜的良策，并将思考的结果，形诸笔墨，送当局参考。

《翠峰十咏》

李根源还是一位醉心文化且志趣极广、建树极丰的学者，他在诗歌创作、金石收集等方面亦多建树，被誉为“乡贤典范”。在普坪村期间，李根源先后邀请文士学者王灿、诸祖耿、郑伟业、陈幼熙、姜亮夫、方国瑜等人一起编纂《永昌府文征》《腾冲县志》《云南金石考》等地方文献。李根源厌恶官场应酬，曾标出“三不主义”，即“不请客，不做客，不拜客”。文人们集中精力于云南地方文化的整理研究，为延续文化血脉勤奋工作。

李根源风雅多才，所到之处，喜爱题刻。闲暇之时，他经常到翠峰山游览，除了此前镌刻的篆书“普坪石隐”四字和两首重阳登高诗外，又隶书“翠峰”二字，刻于石峰之上，并在附记中注明：“此山蒙段时旧名也。”此后，他又选定翠

普坪石刻

峰的七景，分别命名为九老峰、豹隐洞、小崆峒、客安巢、凤凰峡、虎踞墟、白沙坪，每处都亲笔题书，或隶书、或篆书，请人刻于石上。同时，他还连同居住工作的古翠庄、霜镜堂、拄笏楼等一共十处，各吟咏了一首五言小诗，取名“翠峰十咏”，由王灿书写，勒石成碑，使得美丽的自然风光增添了浓郁的人文色彩。

《翠峰十咏》，高四十厘米，宽八十厘米。首行：“翠峰十咏为印老题”。十景依次排为二十行，诗云：

古翠庄：山庄藏人境，林谷极幽遂；松际鸣长风，中含太古翠。
九老峰：仙真化为石，一石撑一峰；绘为九老图，昂头天际中。
豹隐洞：此洞在山南，中亦隐雾豹；世人莫管窥，文采腾光耀。
小崆峒：广成隐崆峒，名籍梦阳表；移置此山中，告君勿嫌小。
客安巢：—巢聊可寄，容膝易安居；为问彭泽翁，视此复何如。
凤凰峡：山半碧石峡，飞有凤凰来；高冈时一鸟，燕雀勿相猜。
虎踞墟：一虎踞墟上，百兽不敢动；请看李将军，善射显神勇。
白沙坪：峰头敞平地，水过铺白沙；好拭麻茶眼，一望空无涯。
霜镜堂：湖天澄一色，晓望开霜镜；堂地如芥，浮揽景入吟咏。
拄笏楼：西山撑半壁，朝来送爽气；倚楼拄笏看，妙得坡诗意。

“翠峰十咏”寄托了李根源对祖国山水的热爱与眷恋之情，但他显然没有忘情于山水之间。抗日战争的形势，始终萦绕心头，于是，李根源还把署名蒋中正题的楷书“剑南忠愤”刻于石峰的高处。

1942 年 5 月，日寇攻陷畹町，进入滇境，滇西危急。李根源立即从昆明赶至保山，联络军民，参加到组织抵抗、沿江设防、阻止敌军东进的斗争之中，为后来收复怒江以西失地贡献了力量，也为他的晚年写下

了新的篇章。

今天，当我们再次辩读着这些经历了六十多年风雨侵蚀，字迹斑驳的石刻，不仅为一位爱国者的风范所感动，而且为抗战胜利感到骄傲和自豪。

新中国成立后，李根源曾任西南军政委员会委员、全国政协委员，1959 年任全国政协文史资料研究委员会副主任。1965 年 7 月 6 日病逝北京，享年 86 岁。安葬于苏州小王山。

普坪石刻 1986 年公布为昆明市西山区文物保护单位。2013 年公布为昆明市文物保护单位。

医药奇迹

——我国第一批青霉素

我国第一批青霉素研制成功，就当时的条件而言，无疑是个奇迹。诞生这一奇迹的地点，就在云南昆明西山下滇池边的高峣村，研制单位叫作中央防疫处，创造这一奇迹的主要科学家是著名的微生物学家汤飞凡和他的团队。

青霉素与原子弹和雷达一起，被认为是第二次世界大战中科学技术上最伟大的三项发明。

青霉素，从前曾叫作盘尼西林，是一种从青色霉菌中提起的结晶物，能破坏细菌的细胞壁并在细菌细胞的繁殖期起杀菌作用。1940 年，英国病理学家弗洛里和化学家钱恩从培养液中提取出了青霉素粗品，经过毒性等一系列生物学试验，于 1941 年进行 10 例临床试验后，宣告青霉素的诞生。他们的研究论文“化学制疗剂青霉素”和“对青霉素的进一步观察”分别发表于 1940 年和 1941 年美国出版的医学权威杂志《柳叶刀》。

此时，正是日寇侵占了大半个中国，抗日战争进入相持阶段之时。然而，这两篇论文也引起了处于战火纷飞中的中国科学家的关注。仅仅三年之后，1944 年 9 月 5 日，我国也自行研制出第一批青霉素，成为世界上公认的率先制造出青霉素的七个国家之一。

我国第一批青霉素研制成功，就当时的条件而言，无疑是个奇迹。诞生这一奇迹的地点，就在云南昆明西山下滇池边的高峣村，研制单位叫作中央防疫处，创造这一奇迹的主要科学家是著名的微

汤飞凡

生物学家汤飞凡和他的团队。

汤飞凡和他的团队

中央防疫处设立于1919年3月。它不仅是卫生防疫行政机构，还是一个传染病研究和生物制品的科研生产机构。

抗日战争全面爆发之前，兼行政、科研和生产于一身的中央防疫处已粗具规模，当时已能生产各种治疗和防疫用血清、疫苗和诊断材料48种，其中大部分产品质量好、疗效大，颇受国内外好评。

1937年9月，侵华日军进攻南京，中央防疫处由南京迁往长沙。1939年3月18日，卫生署决定汤飞凡继任中央防疫处处长。

汤飞凡1897年出生在湖南醴陵一个偏僻的乡村。早年毕业于湘雅医学专门学校。在北京协和医院进修了三年之后，又留学美国哈佛大学医学院细菌学系，师从世界闻名的病毒学学者H·秦瑟教授。1929年春，汤飞凡回到上海，任中央大学医学院细菌学副教授、上海医学院教授兼上海雷士德医学研究所细菌学系主任。抗战全面爆发后，汤飞凡放下手中的科研工作，走出安静的实验室，投身抗日救亡的洪流。汤飞凡动员夫人参加红十字会的后勤支援，自己报名参加了上海救护委员会的前线医疗救护队，到第一线救治伤员。上海沦陷后，汤飞凡应武汉国民政府卫生署署长的颜福庆的约请，到已经迁往湖南长沙的中央防疫处，任技正。

汤飞凡就任处长以后，建议卫生署将防疫处迁往昆明。在没有搬迁费的情况下，汤飞凡短短几天内卖掉了从北平带来的全部疫苗和抗毒素，筹集了两千大洋。除了几件运不走的大件设备留在长沙外，其余设备装车出发，前往昆明。当时防疫处仅有20余人愿意前往。汤飞凡率领这支小得可怜的国家防疫

位于西山脚下的中央防疫所全景

队伍，押运着重要的设备，跋涉千里，来到昆明。

到达昆明之后，防疫处借省立昆华医院的房子，开始生产狂犬疫苗、牛痘疫苗等和诊断试剂。同时，汤飞凡整顿机构，增补人员，开始筹建研究基地。

他四处奔走，得到了云南富滇银行行长缪云台的支持和帮助，借到一笔信用贷款，在西山脚下滇池边上高峣村买到一片田地和荒滩，短时间内就建造了实验生产大楼、办公室、职工宿舍、马厩和牛棚等三组 8 幢建筑。1940 年春天，全处搬入新址。

有了安定的环境，防疫处的研究生产工作逐步走入正轨。到 1942 年，防疫处发展到近百人。

汤飞凡坚持严格的科学标准，参考国外的经验和根据本国需要，通过研究试验或引进，改革了旧工艺，增加了新制品，研究成果不断涌现。如根据战争和疫情需要，成功研制出破伤风毒素、鼠疫血清和斑疹伤寒疫苗等。防疫处生产的疫苗和血清不但供应大后方的防疫需要，并支援了陕甘宁边区。这些制品因为质量达到国际标准，也被在太平洋战区作战的英、美盟军所采用。

研制青霉素之路

在战火纷飞的岁月，尽管试验生产任务繁重，但研究人员仍坚持阅读世界各国的学术期刊、杂志和书籍，关注着世界医学防疫的最新成果。每周，科研人员在汤飞凡家中举行一次读书会，交流讨论世界微生物学的发展情况。

工作中的汤飞凡

在 1941 年秋的一次读书会上，技正魏曦做了一次有关青霉素研究的报告，内容即是弗洛里和钱恩于不久前发表在《柳叶刀》杂志上的《对青霉素的进一步观察》一文。这篇论文对青霉菌培养过程的观察，青霉素效价的检测，实验室大规模培养、提取、纯化和保存青霉素的方法进行了简要介绍，并详细描述了青霉素的体内外实验以及 10 次成功的临床试验。

这篇文章引起了汤飞凡极大的兴趣。他敏锐地注意到青霉素的强大的杀菌效能，立即率领魏曦、朱既明、黄有为、卢锦汉等年轻的科学家着手开展青霉素研制工作。

制造青霉素首先要找到能产生青霉素的青霉菌，而霉菌在自然界分布极广，找到能产生优质青霉素的青霉菌犹如大海捞针。他们受到云南霉豆腐制作方法的启发，从鞋靴、旧衣、水果、古钱及其他一切可能之处收集霉菌，寻找纯种青霉菌。

此时，就在我国科学家致力于寻找和分离菌种的同时，美国已经开始生产临床使用的青霉素。但当时美国的青霉素生产和使用均受控于军方，严格保密，青霉素生产的关键技术秘不示人。在资料非常缺乏的情况下，我国科学家研制青霉素的工作只能自力更生，摸索前进。分离菌种的工作从 1941 年冬一直进行到 1944 年春，经过上百次试验，共获得帚状霉菌 40 余株，能产抗生素的有 11 株。

除自己采集外，他们也利用一切机会收集外国菌种。但是，这些从国外带回的菌种，皆不尽如人意。比较筛选之后，最终确定以本处科技人员卢锦汉分离提取的第 22 号菌株作为试制青霉素所用的菌株。

在菌种问题基本解决后，汤飞凡他们便依据国外公开发表的青霉素生产制造技术文献所提供的信息，结合自身实际，确定了青霉素制备的技术路线，开始试制工作。为此防疫处还专门安装了一间 24℃的小恒温室用于青霉菌培养，自行设计并委托制造了关键设备冻干机等。

他们制取青霉素的方法和步骤是：先将菌种在培养基上进行培养，然后将孢子接种于装有 250 毫升培养基的玻璃培养瓶中，每批次接种一两百瓶，在 24℃下培养 6 天左右。培养基中的青霉素效价达到峰值，取出培养液冷藏，加入药品提取两次，再用乙醚提取两次，然后用活性炭脱色过滤，加入磷酸钠制备成青霉素钠盐，通过低温抽气干燥制得成品。

在试制过程中，他们遇到不少实际困难问题，但是，这些问题不仅都在试制过程中一一解决，而且还采用了先进的深层发酵培养技术，因而中央防疫处的青霉素试制工作既包含了许多技术进步的因素，又有着较多因地制宜的“土办法”的特征，充分体现了防疫处工作人员的聪明才智。

1944 年 8 月 21 日至 2 日，英国驻华大使馆科技参赞、中英科学合作馆主任李约瑟到中央防疫处访问调查后，将所见所闻发表于英国的《自然》杂志。他说：“在昆明地区的另一处是国立中央防疫处，由中国最有才干的细菌学家汤飞凡医生主持，并有黄有为医生和一大批工作人员协助。去年这里生产了 500 万支伤寒疫苗。这个研究所还生产天花、白喉疫苗、破伤风类毒素和许多其他用品，包括诊断伤寒的肥达氏试验和诊断梅毒的康氏试验所需的抗原。正在生产斑疹伤寒疫苗，并有一试验小工厂生产青霉素。尽管缺乏自来水，他们的工厂仍保持高标准的洁净。在培养装瓶和检验部门还有一个效率极高的系统。”

这段文字除赞誉之外，当时设备简陋，物品短缺，以及中国科学家艰苦创业的精神也跃然纸上，不难想象科学家们为研制青霉素所付出的智慧和艰辛。

创造奇迹

1944 年 9 月 5 日，防疫处自行研制的可用于临床试验的青霉素在昆明西山高峣诞生。第一批出品仅 5 瓶，每瓶 5000 单位，其中两瓶送往重庆检验，两瓶分送英、美两国鉴定，均获好评，余下一瓶珍藏。

接着，第二批青霉素生产之后，即由惠滇医院和昆华医院挑选了 11 个病例进行了临床试验。病例包括急性淋球菌尿道炎、已产生磺胺耐受的慢性淋球菌尿道炎、大叶性肺炎、回归热、斑疹伤寒、产后脓毒症、胸骨骨髓炎导致的右肩深度脓肿等，实验效果十分惊人。其中两个6岁小孩由于大叶性肺炎导致的积脓症，第一个孩子用了14天，第二个只用了6天。不仅脓胸治愈，创口也很快愈合。

我国青霉素的试制成功，具有极其重要的意义。限于战争条件和试制阶段，大批量生产青霉素的愿望没能实现。中央防疫处在高峣生产的青霉素数量虽然不多，但在当时确实挽救了不少生命，而且由此形成的研究队伍和积累的经验为我国日后抗生素研究和生产的发展奠定了坚实的基础，产生了深远的影响。

1945年1月中央防疫处更名为中央防疫实验处，汤飞凡继续担任中央防疫实验处处长。1945年8月，日本投降，抗日战争胜利结束，中央防疫实验处于1946年由昆明迁回北平天坛原址。

中央防疫处技术人员

新中国成立后，中央防疫实验处改称中央人民政府卫生部生物制品研究所，成为一个以研究为主、制造为辅的传染病研究机构。汤飞凡继续担任所长。1953年5月1日，我国自行设计、建设的第一座生产抗生素的专业工厂——上海第三制药厂正式投产，标志着我国青霉素进入工业化生产阶段。

中央防疫处迁离昆明之后，旧址曾作为中央防疫实验处昆明分处使用。1950年后，使用单位几经变迁，现在原址已经是省武警总医院和省药物研究所所在地，中央防疫处原有建筑全部被拆除改建。但是，在我国医药史上那个重要的一刻，人们不会淡忘。

电缆摇篮

——我国第一根电缆的诞生地

自从1939年昆明电缆厂制造出我国第一根电缆起，我国电线电缆行业逐步发展，至今已超越美、日、欧，成为世界第一大电线电缆生产国。面对今日的辉煌成就，人们没有忘记这一切的起点，没有忘记那根第一次生产的裸铜导线，没有忘记那些为之付出心血与智慧的创业者。

如今，你如果走进马街昆明电缆厂，那里已是另一番景象。由于电缆厂已经搬迁到高新产业区，厂内一片空寂。

步入工厂内的主要生产车间——铜线车间。只见车间内的所有机器设备皆拆卸一空，宽大高深的空间令人震撼，人仿佛一下变得低矮而渺小。抬头仰望，透过三层窗户投射进的自然光线下，高大起伏的屋顶下钢结构的屋架错综复杂，黝黑苍劲。钢筋混凝土铸就的梁架和一排排立柱傲然挺立，色彩斑驳。

这是一座由8个钢排式斜坡屋顶连接组成的单层大型车间。车间长79米、宽61.5米、高8.52米，建筑面积达4866平方米，足足有一个标准足球场的三分之二大。

就是在这个庞大的空间内，八十年前诞生了我国第一根电缆，见证了我国电缆工业起步和发展的历程，记载着一段不平凡的历史岁月。因此，这个车间虽然完成了它作为生产车间的历史使命，但并不会被拆除，它，将以工业文化遗产的身份，承担起记忆和传承历史、振奋民族精神的重任。去年，厂内的铜线车间、布线车间和一个仓库已经以“中央电工器材一厂旧址”的名称，由国务院公布为全国重点文物保护单位，而且，一个保护利用老厂房的规划已经形成。

我国第一根电缆的诞生地

早在公元前500年，希腊人泰勒斯就发现摩擦生电的现象。可是直到2300年后的1744年，德国人温克勒才用金属导线把放电火花实现了传输，宣告了电线的诞生。89年之后的1833年，由于有线电报的应用和电灯的推广，电线才进入实用的历史并得到长足的发展。至抗日战争前，瑞典已经铺设了能够输送380KV电缆，而德国也已研制出PVC绝缘电线。

1897年，电力电缆在上海投入使用，开启了我国电线电缆应用的历程，但是，那条2700米的橡皮绝缘照明电缆是进口产品，此后中国使用的电线电缆皆为进口。价格昂贵，购买受限，处处受制于人。直到42年后的1939年，中国生产的第一根电缆诞生，我国不能生产电线线缆的历史终于在昆明西山马街的这一个工厂画上了句号。

当时，创造这项“中国第一”的工厂名叫中央电工器材厂

❶电线车间外观
❷电线车间内部现状

第一厂，厂长名叫张承祜。

中央电工器材厂是当年国民政府资源委员会投入巨资创办的大型电器工业企业，1936年筹建于湖南湘潭。当时中央电工器材厂筹建了四个分厂。第一厂为电线厂，第二厂为管泡厂，三厂为电话机厂，四厂为电机厂。抗日战争爆发后，工厂总部和第一厂、第三厂、第四厂于1938年由湖南湘潭迁到昆明马街。

其中，第一厂就是今天的昆明电缆厂，第四厂是今天的昆明电机厂。第三厂开始也设在马街，1942年6月迁至安宁的象石村。

中央电工一厂（电线厂）厂长张承祜是上海市嘉定县人，毕业于英国曼彻斯特工业大学无线电工程系，硕士学位。筹建之初，张承祜参照历年进口电线的资料，分析了国内市场情况，拟订出工厂的产品方案。继而赴英、德、法等国洽商协作、采购设备。经过考察后与英国绝缘电缆公司达成合作建厂的协议。设备则以公开招标方式分别从英、美、德诸国的工厂选购。洋为中用，为处于起跑线上的我国新兴的电线电缆工业打下扎实的基础。同时，开办培训班，对技术人员和工人进行严格培训。

器材一厂的厂房选址在马街村北面，距离昆明城只有七八公里，而且有公路相通。其厂房和生产线由英国绝缘电缆有限公司的工程师布莱克设计。国外订购的设备从香港转越南，再经滇越铁路运到昆明。

当时正值昆明雨季，工地缺乏运输和吊装设备，工人们就用手拉葫芦和木制龙门吊将沉重的设备迅速安装并调试完毕。

经过一年多的建设，工厂一切就绪，1939年7月1日中央电工器材厂第一厂正式建立。电工一厂投产后，即生产出中国第一根电缆，产品商标定为“电工牌”，从此开创我国自己独立生产电线电缆的历史，电工一厂也被誉为“中国电线电缆工业的摇篮”。

1938年建厂之初工程师进行选址（右一为布莱克）

艰辛历程

电工一厂走过的道路并不平坦，充满了艰辛。

当时原材料供应十分困难，虽然主要原材料有滇北矿务局开采的东川铜作为保障，但橡胶、氧化锌、精制瓷土、油性绝缘漆等仍十分紧缺。工程技术人员只有自己试制生产代用品。

1938 年 8 月起，敌机对昆明进行连续轰炸，电工器材一厂成为敌机轰炸的重要目标之一。1940 年和 1941 年，电工器材一厂就遭到敌机的两次轰炸。

一次是 1940 年 10 月 17 日，敌机十八架从越南河内起飞，重点轰炸南郊云南纺纱厂及西郊马街工业区。电工器材一厂亦被炸弹击中。其中铜线厂房中弹被毁一角，机器设备损坏一部分，办公室、运输处汽车棚被毁。全体职员工人同仇敌忾，经过一个月的艰苦努力，夜以继日抢修厂房及机器设备，遂恢复了生产。

另一次是 1941 年 8 月 10 日，敌机十八架轰炸袭茨坝中央机器厂和马街，中央电工器材一厂再次被炸，铜线、橡皮车间中两弹，炸断混凝土大梁二处，绞线机、编织机等被炸坏；碾压厂房工字钢梁被炸断或炸变形；1 幢工人宿舍被炸毁，工人杜得胜被炸死；办公室资料室再次被炸，许多图纸、资料被毁。当夜，日军广播称：炸毁了中国昆明现代化电线厂。但经全厂员工的艰苦努力日夜抢修和家属的密切配合，两个月就恢复了生产，充分体现了该厂员工同仇敌忾，爱国、爱厂的精神。

之后，为避免日寇轰炸造成生产的延误，另在距原厂址 3 公里的

栗园山谷中，购地建造了分工场，生产部分裸电线及橡皮绝缘皮线，漆包线等。

辉煌业绩

中国的第一根电线诞生于民族危机深重的抗日战争时期，有着特殊的意义。不仅对民族自强的精神是个有力的鼓舞，而且从1939年至1945年，电工器材厂一厂共生产各类电线电缆4330吨。当时，在抗日战争的后方地区，几乎全部使用该厂的“昆电工”牌电线。

1939年生产出的中国第一根电缆样本

培养和造就电线电缆的优秀技术人才，是电工一厂对于祖国电缆工业的一大贡献。新中国成立初期，上海、北京、沈阳等地电线电缆工厂和研究部门的主要技术骨干大多来自中央电工器材一厂，因此，也被誉为“中国电线电缆人才的摇篮”。

抗战胜利后，电工器材总办事处于1945年12月由昆明迁回南京，但马街的电工器材一厂和四厂仍然保留，合并为中央电工器材厂昆明分厂，继续生产运营。

新中国成立后，中央电工器材昆明分厂又分别设立为昆明电线厂和昆明电机厂。此后昆明电线厂先后更名为昆明电缆厂、昆明电缆股份有限公司等，一直是我国电线电缆行业的骨干企业之一。它的产品先后被使用在中国第一颗人造卫星、洲际导弹、运载火箭、神舟五号飞船、三峡工程以及2008奥运会场馆等各类大型工程中。“电工牌”商标被评为中国驰名商标。

自从1939年昆明电缆厂制造出我国第一根电缆起，我国电线电缆行业逐步发展，至今已超越美、日、欧，成为世界第一大电线电缆生产国。面对今日的辉煌成就，人们没有忘记这一切的起点，没有忘记那根第一次生产的裸铜导线，没有忘记那些为之付出心血与智慧的创业者。

“中央电工器材一厂旧址”将会得到精心保护，合理利用，发挥记忆历史，传承文明，展望未来的特殊的作用。

赤子功勋

——南洋华侨机工抗日事迹

3200 多名南侨机工怀着忠贞爱国的赤子之心，在滇缅公路上出生入死抢运军需战略物资，其中 1000 多人献出了年轻的生命。他们用汗水、鲜血和生命延续了抗战的输血管和生命线，为抗日战争的伟大胜利做出了特殊的贡献。几乎每个机工参加抗日战争的经历，都是一段感人的故事。

南洋华侨机工抗日纪念碑

1989 年 7 月 7 日，“南洋华侨机工抗日纪念碑”在美丽的西山华亭山落成。纪念碑建在公路边山坡一个有三层 23 级台阶的平台上。纪念碑由碑座和碑身组成，总高 12 米，钢混结构，白色大理石贴面。

方形碑座高 3 米，正面刻“赤子功勋”四个苍劲金色大字，其他三面镌刻着纪念碑碑记；矩形立方体碑身高 8 米，正面上端装饰四条蓝色条纹，象征南洋；条纹中间有“华侨机工回国服务团荣誉纪念章”的浮雕；碑名为“南洋华侨机工抗日纪念碑”金色大字。整个纪念碑掩映在苍松翠柏间，伟岸大气、庄严肃穆。

“机工”是华侨对汽车司机和修车技术人员的统称。“南洋华侨机工”专指抗日战争时期，由东南亚地区青年汽车司机和修理技术人员组成的“南洋华侨抗日回国服务团”。

“南洋华侨机工”是抗日战争时期一个肩负特殊使命、影

南洋华侨机工抗日纪念碑

响深远的运输团队。3200多名南侨机工肩负着海外华侨的重托，怀着忠贞爱国的赤子之心，不畏山高路险，不惧瘴疠威胁，不怕流血牺牲，面对敌机轰炸，在滇缅公路上出生入死抢运军需战略物资，其中1000多人献出了年轻的生命。他们用汗水、鲜血和生命铸造了抗战的输血管和生命线，为抗日战争的伟大胜利做出了特殊的贡献。几乎每个机工参加抗日战争的经历，都是一段感人的故事。

为了纪念南洋华侨机工的不朽贡献，表彰和弘扬华侨的爱国精神，在纪念南洋华侨机工回国抗战70周年之际，中共云南省委和省人民政府为南洋机工建立了这座伟岸的纪念碑。纪念碑选址于此，其主要原因之一，就是他们当年工作战斗的主战场滇缅公路就在附近不远之处。

如今，每当人们怀着崇敬之心仰望这座意味深远的纪念碑，不禁回忆起当年他们的风雨旅程，记起他们建树的“赤子功勋”。

滇缅公路急需“机工”

1937年“七七”卢沟桥事变后，日军封锁中国沿海，抗战所需各种国际援助物资运输受阻。紧迫情势下，云南各民族组成的20万民工，用大锤、火药炮杆、十字镐等十分简陋的工具，从1937年11月18日开始，仅用了287天，于1938年8月底修通了全长1146公里的

滇缅公路，创造了公路史上的奇迹。滇缅公路从昆明经楚雄、下关、保山、芒市、瑞丽到缅甸腊戌，通过腊戌至仰光的铁路与国际海路运输相衔接，从而打通了国际运输线。

滇缅公路建设的主要目的，就是为了与缅甸仰光至腊戌的铁路相衔接，将国际援助的军事物资从腊戌用汽车运入国内。因为运输量大，急需大量汽车和司机及修理工，而这时国内汽车驾驶员机及修理工十分缺乏。

为此，1938 年 7 月底，国民政府军事委员会西南进出口物资运输总经理处处长宋子良致函新加坡著名爱国华侨领袖、南洋华侨筹赈祖国难民总会主席陈嘉庚，请求他在南洋代为招募华侨汽车司机和汽车修理技工回国参加滇缅公路的运输工作。

南洋华侨积极响应

华侨是中华民族在海外的支脉。他们虽然远离故土，但心系祖国，与祖国人民同命运、共荣辱。自“九一八”事变开始，华侨的抗敌救国运动在世界各地兴起，风起云涌。1937 年 7 月 7 日，祖国全面抗日战争开始，海外华侨纷纷成立各种抗日救亡团体，献财献力，声援国内抗战。

南侨机工队员

陈嘉庚先生接到宋子良的函件后，立即召开南洋总会专门会议，决定在各地华侨报纸上发布通告，公开招募机工回国服务。

通告发出当天，立即得到渴望回国参加抗战的爱国华侨青年的热烈响应，短时期内，报名人数就超过5000名。为了能够达到录取条件，有的青年不会开车，便想方设法学习驾驶；有些年龄达不到或超过报名规定的，也虚报年龄争取加入；有的人担心家人不同意，便异地报名，还出现了女扮男装的感人故事。

经过严格的考核筛选，由南侨总会招募的南侨机工共3192人，加上其他自发回国被编入西南运输公司的南侨机工，总人数超过3260人，总称为“南洋华侨抗日回国服务团”。南侨机工大多数是二十来岁的未婚青年，他们来自不同经济状况的家庭，其中有放弃高薪的新加坡英国摩尼汽车公司副总工程师王文松，临阵学车的王云峰，新婚不久悄悄报名的刘瑞齐和女扮男装的“当代花木兰”李月美等四名女性。

告别南洋踏上征程

在通告发表10天后，1939年2月28日，号称“八十先锋”的第一批南侨机工便踏上了回国抗日的征程。

南侨总会在新加坡快乐世界游艺场举行了欢送大会。陈嘉庚致欢送词并向机工代表授“南洋华侨抗日回国服务团”团旗。他说：“国难当头，华侨机工放弃海外的职业，愿回国服务，不但利益减少，工作亦较辛苦。然以青年有志具此牺牲精神，足为全马来亚之模范。”

从1939年2月至8月，由南侨总会招募的南侨机工先后分15批回国。各批队伍出发前，各地华侨均举行隆重的欢送仪式。

抗战“输血管”和“生命线”

各批回国的南侨机工，在昆明潘家湾昆华师范学校集中，这里是西南运

输处司机训练所。接受短期军事化训练后，由西南运输处分配与编队。

华侨司机专门编为第 11、12、13、14 四个运输大队，稍后又以海外华侨捐献的 300 辆汽车组建了“华侨先锋运输队”第 1、2 两个大队。六个运输大队分别以昆明、下关、保山、龙陵、遮放、畹町为基地。

修理工一部分随上述运输大队从事修理外，其余的则分配到昆明、贵阳、重庆等地的汽车修理厂工作。其中有 80 名左右的南侨机工成为西南运输处驾驶教练，培训新驾驶员。

当时滇缅公路上，一片繁忙景象，一方面由缅甸运进大量抗战急需的武器弹药、车辆设备、汽油、通信器材等军需物资；一方面又把桐油、滇锡、钨砂等物资运输出口，支付购买军需物资的贷款。承担运输任务的共有 17 个汽车大队，约 3000 辆各种型号的运输卡车，日以继夜来回奔驰。南侨机工车队的 6 个运输队，拥有 1100 余辆进口的“道奇”“雪佛兰”“捷姆”卡车，占了全部运输卡车的三分之一，是滇缅公路运输的骨干车队，被誉为抗战运输线上的“神行太保”“模范机工”。

1940 年 6 月 20 日法国政府封闭滇越铁路之后，滇缅公路成为唯一的国际通道，是名副其实的抗战的“输血管”和“生命线”。

出生入死闯“四关”

1939 年 8 月 14 日，第一批南洋机工驾车上路。在新的工作环境中，南侨机工面临着“道路艰险”“瘴疟疫病”“日军轰炸”“生活困难”等四大险关的严峻的考验。

滇缅公路翻越横断山脉、云岭山脉一系列南北走向的群山，横跨漾濞江、澜沧江、怒江等湍急的江河险滩。山脉起伏

昆明师范学校军事委员会西南运输训练所

落差极大，公路路面狭窄，往往一边是峭壁悬岩，一边是万丈深渊，十分艰险。路面是弹石路或土路，晴天灰尘蔽日，雨天泥陷路滑，行车艰苦。在这样路况下风雨兼程，危机四伏，许多机工因此车毁人亡，为抗战献出了年轻的生命。

南洋机工从小生活在海拔低、海风湿润的南洋，来到高海拔气候变化极大的高原地区，水土不服导致的疾病困扰是他们面临的一大考验。特别是当时滇西地区，被称为“瘴疠之区”。当地人称之为“焖头摆子”的恶性疟疾一度流行，由于医药极端缺乏，上百名南侨机工因染上疟疾而病故。

日军占领了越南的河内之后，专门调遣了100架飞机，于1941年10月开始对滇缅公路进行狂轰滥炸，妄图摧毁这条运输线。车队经常遭遇敌机轰炸，不少南侨机工壮烈牺牲，但并没有阻挡住南侨机工前进的车轮。

滇缅公路绵延千里，经过的地区大多比较贫瘠，人烟稀少。行车沿途站点较少，设施简陋。南洋机工经常风餐露宿，生活十分艰苦。

四大险关并没有阻止南洋机工前进的车轮，他们谱写了自己的进行曲——《马达进行曲》，显示了他们大无畏的爱国主义精神。

我们的雄心和马达共鸣，
我们的队伍向祖国前进；
我们的血汗作胜利保证，

艰险的滇缅公路

在我们面前永远是光明。

这套好身手到今天显出救国本领，

马达快开动！

为了祖国，亲爱的祖国，

负起这次神圣战争的伟大使命，

我们很光荣，与弟兄们前进！

辉煌业绩

据不完全统计，通过滇缅公路运输的军需品和其他物资共计45万余吨。其中，由滇缅公路运入国内的战略物资，包括汽油、兵工武器、弹药、机电、轮胎、医疗药品、通信器材等就有22万余吨。同时，有大量桐油、大锡、钨砂、生丝、猪鬃、皮毛等中国物资通过滇缅公路转运到英国、美国及欧洲其他国家，换取外汇，保证了战争贷款的赔付。

滇缅公路运输的物资增强了中国人民对日作战的力量，对抗日战争相持阶段起到了重要支撑作用，为战略反攻积聚了物质力量。南洋机工，功不可没。

中国共产党和全国人民关注着这批来自远方的抗敌勇士。《新华日报》登载了《一群投入祖国怀抱的孩子》《滇缅路上的华侨司机群》等10余篇报道、专文、通信等，宣传南侨机工们的爱国主义精神和在运输线上的英雄事迹。

滇缅公路运输忙，南洋机工运输途中

南侨机工也十分关注战斗在抗日前线的八路军。他们不仅克服重重阻挠，曾经把海外华侨、外国友人捐赠的抗日军需物资运送至“革命圣地”延安，还派出张达等30名机工带着捐赠的钱物前去慰问负伤的八路军将士，一些机工还参加了中国共产党领导的革命队伍。

走出困境立新功

1941 年底，太平洋战争爆发。1942 年初，日军进占缅甸。5 月 3 日，日军占领了我国边境口岸畹町镇。4 日，芒市、龙陵相继陷落。为阻止日军的进攻，1942 年 5 月 5 日，我方被迫将滇缅公路横跨怒江的惠通桥炸毁，滇缅公路中断。南洋机工被分隔在怒江两岸，面临新的考验。

惠通桥被炸之后，阻隔在怒江西岸的南侨机工中，有 200 多名参加了中国远征军驻印部队。先在印度汀江转运从码头到机场的货物，1945 年中印公路建成通车后，又在中印缅公路上担负着运送军用物资、武器弹药、人员装备的繁重任务。有的机工通过严格训练后，加入史迪威统辖的 136 部队，在日军占领下的东南亚各国从事敌情侦察工作。

滇缅公路中断后，运输工作停止，国内的南侨机工们随即被滇缅公路管理局无情遣散，但是他们一时无法回到南洋，许多机工沦

❶ 运输途中休憩的南洋机工们

❷ 运往延安的救护药品

❶ 敌机轰炸惠通桥

❷ 南侨机工回国服务团荣誉纪念章

❸ 华侨机工回国服务团荣誉纪念章

落在街头，成了一群生活无着的难民，贫病交加。

机工们的艰难处境，引起了一些海外侨胞及社会人士的关注和热情帮助。在陈嘉庚先生的支持帮助下，1943 年 12 月，华侨领袖侯西反来到昆明，组织起华侨互助会，设立收容所和机工招待所，解决了机工的生活问题，并将他们重新组织起来，振奋精神，寻找报国之路，继续为抗日服务。工程师王文新带领 40 多名机工在下关办起了当时国内最完备的汽车修理厂，一部分机工分别加入军队，运输物资，修力汽车。

在新的工作岗位上，南洋机工一如既往表现出崇高的爱国精神和不怕牺牲的坚强意志，最终迎来了抗日战争的最后胜利。

青史永存

1945 年 8 月 15 日，日本宣布无条件投降。在举国欢庆抗战胜利的凯歌声中，在华侨互助会的努力和海外华侨的支持和接应下，南侨机工除英勇牺牲的 1000 余名外，有 1144 名重返南洋第二故乡，其他 1000 多名选择继续报效祖国，留在了国内。

新中国成立后，留在国内的南侨机工有的成为党和国家的干部，有的参加了中国人民解放军，有的参加机修、运输等部门工作，勤勤恳恳地为社会主义建设事业奋斗，许多人成为本单位的劳动模范，深受人们的好评。

❷

南洋机工在抗日战争史和华侨史上有着极为重要的地位。中国人民没有忘记南洋华侨机工在特定历史时期与环境中的特殊功绩。党的十一届三中全会以后，南洋华侨机工的历史功勋在新的历史时期得到高度评价和赞誉，南洋华侨机工的英雄本色重放光彩。

❸

风雨沧桑，当年英姿飒爽的 3200 多名南侨机工年轻战士伟岸的身影渐行渐远，离我们而去。但在他们的身后，却留下了无比珍贵的精神文化遗产。

文化昆明

XISHAN

西山

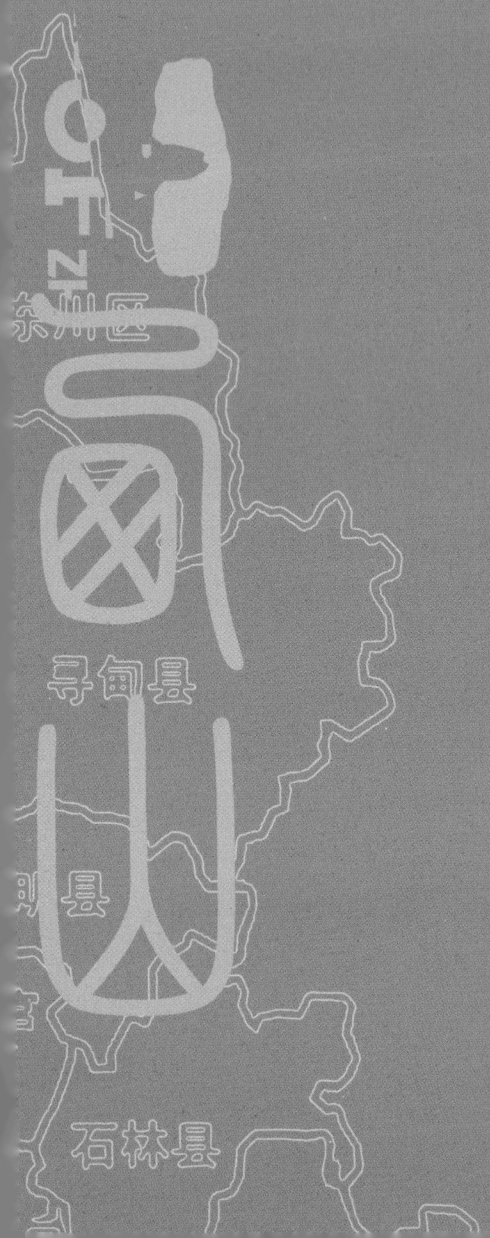

第五章 家园情怀

古村落是西山各族人民生产生活智慧和文化艺术的结晶，有着鲜明的民族地域特色，反映着文明的进步，凝结着历史的记忆，寄托着各族儿女的乡愁。其中，位于滇池西岸观音山下的观音山村就是其中之一。

西山区是一个多民族聚居地区，各族人民世代团结友爱，文化相融，留下了绚丽多彩的非物资文化遗产。这些珍贵的优秀传统文化在传承利用中推动着社会的和谐发展，丰富着广大群众的精神文化生活，推动着文化强区的建设大步向前迈进。

山魂水韵的自然风光、悠久深厚的历史文化、众多的文物古迹、丰富多彩的民族民间文化和传统技艺等，为文化创意产业的发展提供了丰厚的资源，现代新锐的城市经济为文化创意产业的发展提供了壮阔的发展空间和选择。近年来，西山文化创意产业取得了骄人的成绩，成为西山经济社会发展的一大亮点。

耕读岁月　文化图卷

——观音山村的历史记忆

走进观音山村，在那些古老的房舍小巷中穿行，徜徉于文物古迹之前，就如同走进了滇池地区古村落斑斓多姿的历史文化的图卷。

在漫长的历史岁月中，西山各族人民在滇池边和山区生息繁衍，在长期的农耕文明传承过程中，逐步形成了众多古老的村落。据1992年统计，仅马街、碧鸡、海口和团结地区就有古村落近298个。

这些古村落是西山各族人民生产生活智慧和文化艺术的结晶，有着鲜明的民族地域特色，反映着文明的进步，凝结着历史的记忆，寄托着各族儿女的乡愁。

西山区作为昆明市中心城区之一，目前已经走上了快速发展的城市化道路，许多村落或已经融入了城市，或发生了很大变化。在这一发展进程中，选择一些拥有较丰富的文化与自然资源，具有一定历史、文化、科学、艺术、经济、社会价值的传统村落加以保护，不仅对于保护和弘扬优秀传统文化的精神，而且对于推进农业现代化进程、推进生态文明建设和旅游发展等具有重要价值。其中，位于滇池西岸观音山下的观音山村就是其中之一。

观音山村

观音山村原名凤阳村，坐落浩渺的滇池西岸，面对碧波荡漾的湖水，背靠逶迤青葱的凤凰山。山光水色，茂林修竹，田畴炊烟，恍如世外桃源。

唐宋时期，现观音山村一带还是滇池边山下的湖湾，但附近山间有彝族和白族的先民居住。元代赛典赤疏浚海口河后，滇池水位下落，湖湾形成平地，山间的居民下山开垦良田，至明代始形成村落。因村子在凤凰山之东，故称凤阳村。

优越的自然条件，村民们辛勤劳作，凤阳村成为滇池岸边的鱼米之乡，至今已有500余年的历史。深厚的农耕文化传统，儒家文化的传承和宗教文化的熏陶，使得这里的住民以耕读传家为荣，民风淳朴。

从前凤阳村远离城市，交通不便，相对闭塞，但不同寻常的是，它历史上却与几位云南的最高统治者发生关联，使得凤

观音山下的观音山村

阳村抹上几缕神秘的色彩。除了明代黔国公下令建观音寺外，清乾隆五十七年（1792 年），云贵总督福纲奉旨旌表该村刻守贞操 40 年的孀妇张氏，立节孝石牌坊；1933 年，云南省政府主席龙云在凤阳村择址安葬病逝的夫人李培莲，建墓园和墓庐，每年清明立冬前来祭奠。

新中国成立后，于 1952 年设凤阳乡，1958 年成立人民公社，凤阳村设立观音山大队，凤阳村从此改名观音山村，现为碧鸡街道观音山社区的一个以白族为主的多民族聚居村落。

目前，村内虽然建起了众多有着现代气息的新楼房，但仍保存着古村落的原有格局和不少传统建筑，其中政府公布的文物保护单位和文物建筑就有 10 项之多。这些丰富的文物古迹，承载着不同的文化内涵，共同见证了历史岁月，记述了先民的思路情怀和生活理念。走进观音山村，在那些古老的房舍小巷中穿行，徜徉于文物古迹之前，就如同走进了滇池地区古村落斑斓多姿的历史文化图卷。

普陀胜景——观音寺

观音山村的历史建筑中，最著名的自然是屹立于村北山头的有着普陀胜景之誉的观音寺。

观音山村村北的山原名石嘴山，孤峰突兀伸入滇池之中，巍然矗立，峭壁排空，三面凌波，势绝险峻。在滇池景观中绝无仅有，

❶ 观音寺山门

❷ 观音寺观音殿

可谓天然胜景。而观音寺的由来，更是有其不凡之处。

据明隆庆五年（1571 年）所立《增修观音山寺记》碑文记载："滇海南隅，为昆明邑之大小河浪里，有石嘴山，高数十丈许，势绝险峻，俯瞰其下，风波汹涌，舟楫每艰于往来。黔国上公命建观音殿一座镇压于上。民敬畏之，遂以观音山名焉。"

也就是说，由于石嘴山孤峰突兀伸入滇池之中，附近水面波汹浪涌，舟楫过往，十分艰难，船翻人亡之事时有发生。而这片水域，正处于草海至海口、晋宁等地的主航线上。明嘉靖年间，此事得到明代云南最高统治者黔国公的关注，下令在石嘴山建了观音殿一座，以镇风浪。当地百姓十分敬畏，遂将石嘴山也改名观音山。

碑文中没有记载这位黔国公是谁，也没有记载这位黔国公为何建观音殿以镇风浪。不过，从碑文以下行文中，可以知道：观音殿建成后，建寺的工程并没有停止。明嘉靖二十八年（1549 年），又建成后殿，明嘉靖三十八年（1559 年）建成前殿，圣僧殿。同时，铸佛立像，直到明隆庆五年（1571 年）才算竣工。由此推断，这位黔国公应该是明嘉靖二十八年（1549 年）之前不久袭任的黔国公。据查，明嘉靖七年（1528

年）至嘉靖二十八年（1549 年）间先后有沐绍勋、沐朝辅、沐融等三位黔国公，哪一位是观音殿的始作俑者，难以断定。但不管是谁，他们都生于南京，长于南京，对位于长江口外的舟山群岛的观音道场普陀山都很熟悉。而且，从地貌上看，滇池石嘴山与东海普陀山的洛迦山有相似之处，加上当地人历来有崇奉观音的传统。或许，这就是他们不按滇池地区素以建龙王庙或建迦楼罗塔镇水的习俗而下令建观音殿的原因。

观音寺建成后，成为滇池西岸一个重要的宗教活动场所和旅游观胜之处，绵延数百年，直至如今。

观音寺经历代修建，主要格局未变。现存建筑为清光绪年间至民国初期重建。

观音寺坐西向东，面对滇池。现存建筑沿中轴线依次有天王殿、大雄宝殿和观音殿，各殿依山势层层升高，两侧由厢房围合。墙体全用不规则的石块镶砌而成，木结构拙朴而装饰精美，颇有古刹风范。山门有副石刻楹联："皓月光中，昆水静澄南海景；慈云影里，华峰叠拥普陀山。"道尽此山此寺与观音普陀的渊源关系。

观音寺前突出孤峰上，现建有重檐八角亭阁一座。登亭观湖，如立水中央，有联云："仰焉则云山苍茫而天衢不远；俯焉则蛟龙变化而渔歌四达。"

观音寺于 1986 年公布为区级文物保护单位。现为昆明市级文物保护单位。

董氏庙园——儒家文化的结晶

我国自隋朝设立科举制之后，激发了社会各阶层的竞争意识和读书学习的积极性，各级官学、私塾、义学和书院大量开办。由于科举考试的主要内容是包括"四书五经"在内的儒家经典，儒家思想遂成为社会思想文化的主流。也影响到传统农耕社会中的家家户户，维系着村落的稳定和发展。其主要体现为供奉"天地君亲师"、宗族观念和耕读传家理念。

董氏庙园即为儒家文化在观音山村的传承场所，创建于清道光初年。现存建筑系清光绪三十二年（1906 年）重修。

该庙园系两进合院式建筑，前院为家庙宗祠，正堂供奉皇帝及祖宗牌位，后院为家塾和藏书楼。走进其间，可以从它的建筑空间中，想象从前董氏族人聚集于此拜祭祖先、遵循祖训、宣读族规家法的肃穆场景，仿佛听到子弟们琅琅的读书声，感受到观音山村沐浴在儒家文化之中的氛围。

庙园现存清宣统元年（1909 年）族人王书沐撰写的《董氏家庙家塾碑》。据碑文记载，该地董氏原系安徽凤阳世族。明洪武年间，先祖随黔宁王沐英到滇，入赘于阳谷村张家，十三代后还姓董。由于张氏属于白族，董氏也成为白族。该碑是研究明代人口迁徙、民族交流融合和当地家族史、教育史的重要史料。

乡贤祠——古代人生的楷模

乡贤祠供奉祭祀的是本乡本土有德行、有才能、有声望而深为当地民众所尊重的人。每个地方都有自己的乡贤，他们或以吏治清明，或以道德品行而闻名。对乡贤的敬重、祭祀和纪念，从而形成了乡贤文化。

各地乡村大都有本土的乡贤，但在村庄内建有乡贤祠的并不多见，观音山村的乡贤祠就是其中之一。据调查，观音山村乡贤祠是为纪念当地的名士张瑛所建。尽管随着岁月的流逝，目前村民对张瑛其人已经知之不多，但乡贤祠的建立和保存至今，仍为观音山村的乡贤文化留下了一个记忆符号。

董氏庙园门头

祠堂坐北向南，占地面积256平方米，为三合院式。土木结构。正门为西式建筑元素的砖柱三角顶分段式门套，内嵌传统双开木门，额题“乡贤祠”。门后设披厦。正房三间，二层，单檐硬山顶，宫楼式外走廊。左右耳房，面阔两间，单檐悬山顶，垂柱竖楼。现为一般不可移动文物。

节孝坊——封建礼制的遗音

观音山村的中心地带，有一座古老的四柱三门平顶出戟青石牌坊。牌坊的门柱和上下额枋均用长条形石材构成。正门匾额书“节孝”二字，两侧为龙虎透雕，下有鱼龙圆雕雀替。上下额坊上布有游龙、云纹、莲花和如意花草等浮雕。雕工古朴精巧。夹杆石用厚重的立方石块承托圆雕狮子花瓶和抱鼓石制作。整座牌坊稳固庄重而又不失精美。尽管岁月的风雨，为它抹上了斑斑蚀痕，但难掩它往昔的风采。牌坊石柱刻有一对联：“千载芳名并柏舟，一生劲节垂青史。”

令人惊讶的是，牌坊顶部正中置屋宇式龛室，内嵌石刻一方，题曰“圣旨旌表”。仔细看坊上的文字，才知道原来这座牌坊颇有来头。节孝石牌坊立于清乾隆五十七年（1792年），是时任云贵总督富纲率云南巡抚、云南提学使等大员奉圣旨为旌表该村节妇张氏所立。

当年，观音村张氏，自丈夫张垊去世后，克全妇道，允协母仪，在家孝养公婆、抚育子女达四十八年，至死不渝。张氏的操守经层层报批获朝廷旌表，从而享受到奉圣旨立牌坊的最高旌表规格。

如今，节妇的心酸历史已经远去，但透过这座石坊，

❶ 乡贤祠

❷ 节孝坊石牌坊

我们仍然可以触摸到古代封建礼教跳动的脉搏以及工匠们的技艺和审美理念。

节孝石牌坊于 2003 年 3 月公布为区级文物保护单位。

墓坊、墓庐——一段与“云南王”相关的旧事

除了上述文物代表的文化现象，观音山村还有一段特殊的与堪舆文化相关的旧事。

八十多年前，1933 年 7 月，观音山村突然来了大队人马，在村边大兴土木，迅速修建了一座颇有气势的墓园。不久，一支由十几只大船组成的送殡船队跨越滇池而来，在附近阳临港靠岸。

村民惊讶地发现，率领这支队伍的竟然是时任云南省政府主席的龙云。安葬于观音山村墓园的，正是他因病过世的夫人李培莲。

龙云是昭通人，李培莲是宾川人，他们及其家属此前无一人与观音山村发生过关联。那么，贵为一省之长、有“云南

李培莲墓石牌坊

王”之称的龙云为何选择将夫人安葬于当时地势偏僻交通不便的观音山村呢？对此，只有一种解释，那就是堪舆之说。

所谓堪舆，就是仰观天文、俯察地理的“风水”之说。堪舆并不是科学，其中不免有封建迷信的成分。但堪舆毕竟是一门古老的学说，是中国古老的传统文化之一。

龙云安葬夫人之前，可以肯定的是，他一定请风水师相过地。结果选定滇池西岸观音山村作为其夫人的安息之地。

选择了观音山村，这一方面固然是这里三面环山，前有滇池，符合墓地选址“依山傍水”和“前朝后靠左右抱”的风水说法；再则，观音山村背靠凤凰山，当时叫作凤阳村，龙云选址于此，估计有将夫人誉为“凤”，暗含“龙凤”配之意。

李培莲墓园占地达60亩土地，建有墓冢、墓道、墓庐等，很是豪华。随着时光的流逝，由于各种原因，如今，豪华的李培莲墓

园已经不复存在，仅留下一道墓坊、一座香案、一幢墓庐，记忆着这段历史，留给后人遐想。

由于李培莲墓石牌坊结构匀称和谐，造型美观大方，雕刻细腻精美，具有较高的艺术价值，是昆明地区近现代石牌坊建筑艺术的精品之一。而墓庐为中西合璧式的两层建筑，具有鲜明的时代特征，均被列为区级文物保护单位。

捐资建校纪念碑和“名山育才”匾

李培莲墓园建成后，龙云还下令修通了高峣至观音山的公路。抗战期间，龙云扫墓时，见到观音山村的儿童在日机空袭中还要到其他村子读书，十分危险，便捐资建盖了观音山小学。现存 1944 年昆明县长高直青等所立《龙主席捐资建校纪念碑》记载了此事。碑文大意是：

观音山小学建校碑记

抗战初期，龙云在观音山村，见到村里的“多数儿童就学邻村，奔走骇汗”，十分辛苦，而且“适当空袭，离乡非计”，就打算捐资为观音山村建设学校，但因军务繁忙而未能实行。1940 年 1 月，龙云召见昆明县县长高直青，令他择地建校，所需经费由他捐私囊资助，并希望早观其成。于是，高直青召集教育局官员和地方乡绅组建建校委员会，于二月兴工，至十月就建成“正堂五楹，左厢三楹。别为楼上楼下，都十六间，盖以厨灶，附以操场”的小学校一所。“凡所构造虽未臻完美，然方式宏阔，轩爽宜人，规模大致可观。”比起其他村子多半“就寺庙堂宇充之，因陋就简，空气光线两俱不足”的校舍，已经是“地则览胜山川，人则托庇广厦”了。

建校支出合新滇币五万五千元。观音山小学建成后，龙云亲笔所题“名山育才”四个大字镌刻于校门之上。

一颗印民居建筑群——实用舒适的居住空间

由于经济发展，居住文化观念的变化，观音山村同其他村落一样，近年来盖起了不少砖混结构的新式楼房，远远看去，村落已是新楼林立的现代居民区，昔日土墙木架青瓦两面破屋顶鳞次栉比的旧貌不复存在。不过，进入村内，你会发现，村内的以“一颗印”民居为主的老房子还很多，其中，建于清代的百年老屋就有十多幢。目前，已有 82 号、132 号、274 号、248 号四幢登记为不可移动文物，依法受到保护。

“一颗印”是云南尤其是滇中地区传统的民居样式，优秀的“一颗印”，是我国传统民居建筑的珍品。中外建筑学界称之为“中国五大特色民居建筑”之一。

“一颗印”民居的典型特点首先在于它的平面和立面比较方正，状如一颗印章，故名；其二是合院整体结构为“三间四耳倒八尺”，即正房三间、耳房东西各两间，共四间，正房对面的“倒座”进深八尺，大门开在“倒座”下层正中；第三个特点四面楼房高低错落，正房最高，其次是耳房和倒座；第四个特点是外墙厚而窗小。

观音山村的一颗印民居多为典型的“一颗印”，其特色是：因地势平整，房屋面阔和进深尺度较大，无论是房间内部和天井都显得较为宽大，采光较好；房屋内侧为重檐，耳房多为重檐垂柱厦柜楼，悬山顶；倒座多设屏门；屋宇式门头较为规整；装饰一般简朴大方；有并联一颗印和并联半颗印的民居存在，特别是并联半颗印，在昆明地区甚为少见。

观音山庙会

观音寺建成后，每逢农历六月十九观世音菩萨成道日，附近民众大家都来上香、赶集、会友，形成了观音山庙会。年复一年，观音山

庙会逐渐成为当地人上香、赶集、对歌的生活习俗，也成为昆明人较为喜爱的小型商品集市和花灯、山歌调子等传统民间文化展示、欣赏、交流的平台。

“观音山庙会”先后由西山区人民政府、昆明市人民政府公布为西山区第一批民族民间传统文化保护项目和昆明市第一批民族民间文化保护名录项目。

此外，观音山村的服饰、刺绣、美食、咸菜等都很有特色，远近闻名。

前进的道路上，观音山村人民非常珍惜自己悠久的历史和丰富多彩的厚重文化。他们利用文物建筑龙氏墓庐，建了一个观音山村展览馆，陈列展出了本村的历史和文化，让大家记住乡愁，也让更多的人了解和认识观音山村。

观音山村内的“一颗印”民居

文艺乡土　精彩纷呈

——非物质文化遗产

西山区特殊的地理位置，依山傍水的秀丽景色，多民族文化的相互交融，使得这块热土上的优秀的民间传统文化源远流长，异彩纷呈。民间文学、民间音乐、传统舞蹈、传统戏剧、传统美术、传统技艺、节庆活动等活态文化丰富多彩，独具特色。

西山区特殊的地理位置，依山傍水的秀丽景色，多民族文化的相互交融，使得这块热土上的优秀的民间传统文化源远流长，异彩纷呈。民间文学、民间音乐、传统舞蹈、传统戏剧、传统美术、传统技艺、节庆活动等活态文化丰富多彩，独具特色。这些世代相传，体现着西山各族人民的生活情趣和审美意识，凝聚着西山各族人民的智慧和精神的非物质文化遗产，是西山文化中最具乡土气息、最具地域特色的宝贵财富。目前，我区共有非物质文化遗产项目名录 39 项，非遗项目代表性传承人 43 人。其中国家级文化遗产名录 1 项、省级 6 项、市级 16 项、区级 16 项；国家级非遗项目代表性传承人 1 人、省级 6 人、市级 4 人、区级 32 人。这些珍贵的优秀的传统文化在传承利用中推动着社会的和谐发展，丰富着广大群众的精神文化生活，推动着文化强区的建设大步向前迈进。

本章节选择了部分现已公布列入国家级、省级、市级和区级的非物质文化遗产，加以简介。

国家级非物质文化遗产代表项目：昆中药传统中药文化

昆中药传统的制作历史始于明代，到现在已经有600多年的历史。昆中药产品最早的制售人是1381年明代滇军医朱双美，最早的产品来源于明宫廷秘方。《昆明市市志长编》："朱双美，由明洪武十四年随沐英到滇，当军营医生。他有两个儿子，分售两项成药，一项是小儿化风丹，一项是朱氏善用水酒，其制法处方，系南京内府秘方。"

清代，昆明地区的中药铺子陆续开设，较大的有十多家，他们创制了大批中成药进行售卖，如万松草堂的"小儿救急丹"、长春坊的"阮氏上清丸"、姚荫轩的"桑菊银翘散"、成春堂的"疥癞药"、姚济药号的"姚济资生丸"等等。新中国成立后，"朱氏双美号" 80多家私人中成药铺并入了昆中药，由此汇编成了《1985年昆明市人民政府卫生局审查合格国药八十一种成药配方目录》，成为昆中药产品的重要组成部分。同时昆中药还采取了云南名中医的处方开发出了系列中成药。在中药行业里，昆中药是中国中药五大老号之一，与北京同仁堂、苏州雷允上、广州陈李济、湖南九芝堂一起同为我国传统中药行业的标杆企业，代表了先进中药企业的发展水平。

民间文学

民间文学又称"口头文学""口述文学"，是历史长河中民间口口相传的文学创作，很多以传说、故事的形式出现。这些民间文学作品题材广泛、语言朴实、形象生动、爱憎分明、贴近生活、极富想象力，是当地劳动人民对自然、历史、社会、生活的一种最直接朴素的认识，体现了当地人民群众共同的情感和愿望以及对美好生活的向往和追求，从而丰富和增添了文学宝库的光彩。

20世纪80年代中期开始，西山区就成立了民间文学集成办公室，开始在辖区内进行民间文学普查、采录工作，编印了《西山区民间文学（综合卷）》，共收录辖区民间故事224篇。2007年又在此基础上记录整理加工，筛选编印了《中国民间故事全书·云南昆明·西山卷》，收录了辖区民间故事111篇。其中，部分具有代表性的民间故事已列入市、区级非物质文化遗产保护名录。

市级非物质文化遗产·西山区民间故事《睡美人的传说》三则

西山区域内西山山系逶迤于滇池之滨，是西山人民赖以生存之地，也是西山人民精神的家园。从不同的角度观赏西山山系优美的天际线，人们会产生不同的感受。尤其从滇池的东北角大观楼一带远眺，西山山系如同一位美丽的少女，静静仰睡在天光湖波之中。大青山是她的头部，相对低矮绵延至海口的大小鼓浪山好似她飘逸的长发，而高耸的罗汉山、挂榜山就像是她的胸部，向北的太华山、华亭山、高峣山、近耳山等依次降低，构成了她的身躯。因此西山山系历来被称为"睡美人山"。围绕这一优美而令人产生无限遐想的自然景观，人们展开艺术想象的翅膀，创作了不少口口相传的传说故事。其中《睡美人的传说》三则入选市级非物质文化遗产。

《睡美人的传说》三则，用不同的故事版本，不同的爱情故事寄托了古代滇池民众对西山睡美人山的赞赏与钟爱，体现了对假丑恶的憎恨，对真善美的一种质朴崇尚执着追求的理念和精神。

《睡美人的传说（一）》全文3500多字。

故事梗概：龙王的女儿小红鱼经过一番试探，爱上了清贫的渔家郎阿舢，并与阿舢结为夫妻，过着贫穷但幸福甜蜜的生活。阿舢和龙女的结合，遭到龙王的激烈反对，但任凭龙王派来的龟蟹二将的谋害和龙王太子以水漫大地相威胁，都不能将他们拆散。结果，县官黑胖子为了抢夺阿舢和龙女用于平息水患的宝珠，将阿舢杀害。阿舢遇害后，龙女悲伤欲绝，化为"一座高高的山，躺在滇池边上，脸还朝着天，头发还长长地披着"。阿舢也变成滇池里的浪，依伴在山旁。两人永远相伴相依。后来，人们就把小红鱼姑娘变的山叫作“睡美人”。

《睡美人的传说（二）》全文 4000 多字。

故事梗概：很久很久以前，滇池边上的渔村里年轻俊俏的姑娘荷娇爱上了贫穷但忠厚朴实的青年谷生，从而受到贪恋美色的渔霸之子福生的嫉妒。结果渔霸拿出银子，把官府上下买通，以服役为名，派人把谷生抓走，并被装进一条大麻布袋，扔进大海里淹死。在渔霸抢亲之时，荷娇跳进滇池自尽，但得到龙女金鱼公主的救助。为了复仇，荷娇与龙女商议，以海水冲毁渔霸家。为了不伤及无辜，荷娇不仅托梦给渔霸家用人，让他们提前离开，而且在巨浪冲毁渔霸家后，化为连绵的青山，挡住了海水，保住了岸上的万顷良田和村落。昆明的西山，就是荷娇变的。所以又叫睡美人山。

《睡美人的传说（三）》全文 700 多字。

故事梗概：传说古时候，有一个年轻勇敢的王子离开王宫，四处寻找自己理想的爱人，但他谁也看不上。这天，他来到滇池边，靠在一块大石头上，连声叹气：“偌大的天底下，就没有一个所爱的姑娘！”谁知这块石头就亦步亦趋地跟着王子回到王宫。结果这块石头被受到惊吓的国王用箭射中。王子这才转身，发现被射中的却是一位美丽的姑娘，而且正是自己意中人。临终前，姑娘对王子断断续续地说：“请把我送回滇池边，我要永远陪伴生我养我的滇池水。”

王子伤心地哭着，抱起死去的姑娘，一口气跑到滇池西岸，纵身跳进波浪滚滚的滇池里。姑娘又变成了石头，比原来还大，成了一座很大的美人山，这就是人们常说的“睡美人”。

市级非物质文化遗产·西山区白族民间故事

农历六月二十五日西山区白族每年必过的传统节日。《白族火把节的故事》讲述了西山区白族火把节的来历。

故事梗概：很久以前，白族首领是个英俊勇敢的王子，武艺高强，百战百胜。在他的治理下，白族人民不怕外族的侵略，过着安居乐业的生活。与敌人的战斗中，白族首领经常大获全胜，即使被敌人逮住了二十多次，敌人都无法将其杀死。跑回来第二天照样威风凛凛地带领将士冲锋陷阵。大家感到十分奇怪，谁也不知这其中的奥秘。最后敌人出重金买通王子的妻子，知道了王子的致命弱点。在一次交战中，白族王子不幸又被敌人逮住后，他们用狗肠子绑住王子的双臂，拿尖刀草将王子杀死了。

王子遇难时正好是农历六月二十五这天，百姓们左盼右等不见王子胜利归来，便燃起火把四处寻找。尽管找不到，却总抱着一个希望。久而久之，便成为传统的白族火把节。

市级非物质文化遗产·西山区苗族民间叙事歌

苗族叙事歌《榜杰买爹娘》是流传于西山区团结苗族村寨的叙事歌，以诗歌的形式表达了“老吾老以及人之老，幼吾幼以及人之幼”和“心中有了爱，身边就有情”这样一种朴素的感情。

叙事歌主要内容为：榜杰是个孤儿，长大后劳动致富，但就是遗憾自己没有爹娘。他和寨子里的老人商量，要去买一对爹娘来。老人告诉他世上什么都可以买，就是亲情买不到。榜杰悲从中来，茶不思饭不想，不知过了多少天，终于想通了。从此，榜杰诚心实意地把寨子里所有老人都当作亲生父母来孝敬，把寨子里所有的年轻人当作自己的兄弟姐妹来爱护，并成为寨子的“利色利巴（头领）”。

市级非物质文化遗产·西山区彝族民间故事

彝族民间故事《天翻地覆》是一个类似于《创世纪》中的诺亚方舟的故事，与彝文古籍中《洪水泛滥》和始祖阿普笃慕钻进葫芦躲避洪水的传说相吻合，但有许多不同。

故事梗概：很久很久以前，在一个偏僻的小山沟里，住着兄弟二人。在洪水即将淹没整个世界洪水来临之时，得到一位头发花白、胡须飘飘的老头的指点，让弟弟找个鸡蛋藏在怀里，钻进葫芦里，盖好盖子。第二天果然天翻地覆，洪水淹没了一切，弟弟依靠葫芦和鸡蛋躲过了这一浩劫。此后，又在老头的指点下生存下来，并与一名仙女结为夫妻，生了十二个儿子。这十二个各跑一处，各说一种语言，就成了十二个民族。

民间音乐

省级非物质文化遗产·“昆明调”

“昆明调”主要指深受农村群众喜爱并广为流传的山歌、小调等。昆明调的演唱不受时间、地点等条件的限制，不管在田间、地头、山间或树林中，想唱开口就唱。特别是在传统的民俗活动中，多为对唱。演唱时根据对方提出的问题，即兴编词回应。歌词内容十分广泛，包括男女爱情、家乡风光、历史、地理、生产、生活等，极具地域特色，

昆明调曲目繁多，其中“耍西山”“耍观音山”“拈鱼”“猜调”等，在西山区十分流行。其传承方式多为父传子、母传女、老歌手传新歌手，是辖区少数民族和广大农村群众较为喜爱的一种抒发感情、交朋识友的文化娱乐方式。

市级非物质文化遗产·白族三弦情歌《对对鸡》

白族三弦情歌《对对鸡》在西山区团结龙潭地区的白族、彝族群众中流传广泛，从古至今老幼皆知，开口能唱。《对对鸡》曲调动听、旋律优美，以物传情，表达了白族人民在劳作中对美好生活的向往、追求，此曲调又称“白族龙潭调”。

《对对鸡》在团结白族群众中流传着两个版本：一则是白族男女青年通过盖房时的一问一答，曲折地表达感情；一则是男女青年的感情遭到反对，二人一同私奔，但两个版本的曲调是大体一致的。

区级非物质文化遗产·“木叶吹奏”

木叶，是一种单簧气鸣乐器。木叶吹奏已有上千年的历史，是中国最古老的乐器之一，也是民间狩猎、文化娱乐、交流的原始载体。具有重要的历史、文化研究价值。

西山区的“木叶吹奏”技艺主要流传在海口双哨彝族村寨和团结等地。

传统舞蹈

市级非物质文化遗产·“海口双哨彝族秧佬鼓舞”

海口双哨彝族的秧佬鼓舞据说是明代时从中原传入。最早是军营中鼓舞士气和庆祝胜利时才跳的“战舞”，后演变传承至今，成为海口彝族村寨重要的文化活动内容。

双哨彝族传统的秧佬鼓舞由五个男性跳，四个背秧佬鼓，右手持拴着绸带的鼓棒，左手拿毛巾，在一个举着用山鸡毛、彩色绒球和绸带装饰的木刻龙头的领舞人带领下，随着大钹、小锣和鼓点敲出的铿锵节奏，按规定动作跳“绕团场”“五梅花”“四穿花”“一条线”“满天星”五个套路。每个套路动作都有严格的规范，每次变化动作都由龙头带领，舞蹈时的方向以观众所处方向而定。节奏铿锵、气势磅礴。

随着时间的推移和时代的发展，海口双哨的彝族秧佬鼓舞在保留其传统基本动作和节奏的基础上，已没有了严格的套路和人数限制，逐渐演变成为当地彝族群众祭祀、节庆和娱乐活动时广泛喜爱参与的民俗文化活动。

区级非物质文化遗产·苗族芦笙舞

苗族芦笙舞流传于团结街道五松包、卧龙岗等苗族村寨。

苗族芦笙舞承载着一段民族史话。据说古时作为战争失败一方，苗族祖先在逃散和被迫迁移的过程中，为寻找家人四处呼喊，嗓子哑了，就找一些竹片插在一个竹罐上，吹出高低不同的声音，同时，加入各种跑跳攀高寻人的技巧动作，在迁移途中反复往返，边

❶秧佬鼓
❷芦笙舞

走边吹，边吹边跳。如诉如歌的芦笙声，诉说的是心中的恨怨和希望；跌跌撞撞的动作，祈望着“神”的解救，漫漫长路的尽头也许就是未来美好的家园。此后，这种边吹边跳的形式逐步演变成今天的苗族芦笙舞，成为苗族群众节庆自娱自乐的一种舞蹈形式，也成为苗族青年男女表达感情、交流沟通的一种手段。

西山区的苗族芦笙舞传统跳法有二三十种，目前保留下来的传统跳法仅剩八种。表演形式有个人、集体两种。其中个人跳有起步舞、跌脚舞、敬酒歌舞、芦笙舞、脚背脚、蹲踢跳、睡着翻身、倒立等；集体跳：基本套路和动作与个人跳相同，后增加“叠罗汉”表演。

传统戏剧

区级非物质文化遗产·西山区花灯

西山区的花灯和云南其他地区的花灯戏一样，是由内地汉民族带入云南的明清小曲与本地少数民族的山歌小调、歌舞相结合，逐渐形成的一种既有汉民族民俗文化特点又有本地少数民族歌舞特色，并向着戏剧化方向发展的民间歌舞小调戏。

花灯保存着许多元、明、清时代的古老雅乐、俗曲和俚曲，这些在内地已不大传唱的曲调，能在花灯中保留至今，使得花灯具有了一种古代戏曲文献的文化价值，反映了汉文化与少数民族文化结合的多元性。其“灯夹戏”戏曲化、戏剧化发展的过程，证明了作为主流表演艺术戏剧对民间表演艺术的改造力和影响力。

花灯的唱腔、曲调、剧情、音乐通俗易懂，表演手法受程式化影响较少，表演形式简单，易学易记，容易被广大群众所接受，尤其受到农村群众的喜爱，是区内最为普及、流传最广、群众文化生活不可或缺的一种地方艺术表演形式。

传统美术

区级非物质文化遗产·西山区民间剪纸

剪纸作为中国最广为流传的民间艺术之一，一直是广大人民群众喜闻乐见的艺术形式，也是普及范围较广的一种传统民间艺术形式。民间剪纸一般多以花鸟鱼虫图案为题材，而西山区因大中型工矿企业密集的特有文化氛围，工矿企业工人美术爱好者成为剪纸创作的重要群体。因此，西山区的民间剪纸在继承传统技法的基础上，题材主要取源于企业职工的工作、生活场景，特色鲜明，独树一帜，赋予了这一传统艺术形式新的艺术语言和时代内涵。

传统技艺

市级非物质文化遗产·白族扎染

“扎染”是一种古老的染色工艺。古时称扎撷、撮撷和绞撷。扎染制作材料为棉、麻、丝和以板蓝根为主的植物染料。工艺流程依次主要是：描样、扎制、入染、解结、漂浮色、加工成各种成品。

西山区的白族扎染，作为一种延续远久的民族传统工艺，在西山区团结、谷律、碧鸡等地的白族中十分盛行，母女相传。50 年代后，家庭式的扎染工艺作坊日渐减少，扎染成品和传统扎染工艺面临失传的风险。

1989 年，西山区采和商贸有限公司广罗民间扎染艺人，在碧鸡镇长坡村创办了“碧辉工艺扎染厂”。该厂的“扎染”操作流程延续了古老的传统工艺和制作材料，使这种古老的濒危工艺得以恢复延续并拓展。加上群体的优势，规模化的发展优势，产品的品种和数量都有了增加。品种中不但有民族服饰，还拓展开发了门帘、窗帘、壁挂、民族挂包、桌布、手帕等系列品种，深受消费者喜爱。

市级非物质文化遗产·葫芦雕刻

葫芦是中国具有7000多年栽培历史的草本藤本植物，在中国浩瀚的民族文化宝库中，有着大量的“葫芦”出世，被赋予了创世、祈福、赐子、消灾除难等诸多神话传说，成为寄托人们向往美好的“灵物”。

中国的葫芦雕刻艺术历史悠久，源于宋代，到清康熙年间发展得十分兴盛，分布地域广泛，南北均有，它继承了中国绘画技艺和雕刻技艺，不仅运用中国画的勾、勒、点、染、擦、白描等手法，而且还借鉴了镂雕技法增强了葫芦的整体审美效果，产生丰富的层次感和较强的立体感。2008年底，葫芦雕刻世家嫡传弟子、民间葫芦雕刻艺人徐孝国在西山区创立了昆明首个“葫芦文化创意中心”，进行葫芦雕刻技艺的传承。

市级非物质文化遗产·永香斋玫瑰大头菜制作技艺

昆明“永香斋玫瑰大头菜”创于1684年，至今已有近340年的历史了，原为昆明三牌坊旁颇有名气的酱菜店铺。1839年，昆明人徐用之祖辈与表姑合伙在酱菜店铺的基础上创立永香斋酱园（解放后更名为永香斋酱菜厂），2011年7月6日更名为昆明拓东调味食品有限公司。以玫瑰大头菜为主的酱菜其制作技艺、配方历经数代传承延续至今。昆明拓东调味食品有限公司永香斋玫瑰大头菜年产量达800多吨，除供应云南省内市场外，还销往北京、天津、上海、西安、成都等30多个省市。1915年在巴拿马万国博览会上荣获金奖，分别在1919年、1921年、1923年云南物产品评会上获得甲等奖，

❶ 葫芦雕刻

❷ 玫瑰大头菜制作

1980 年被评为云南省优质产品，1981 年被评为国家商业部优质产品，1989 年在中国首届食品博览会获得金奖……2007 年在第四届中华老字号精品博览会上被评为“消费者最喜爱的中华老字号品牌”。

市级非物质文化遗产 · 中华老字号“拓东甜酱油”

1684 年在昆明三牌坊旁，除了很有名气的酱菜铺外，还有一个特殊的产品，就是用好糖、好盐、上好黄豆酿造的甜酱油。其甜酱油的酿造技艺一直延续至今，甜酱油的商标名称逐渐变更为“昆湖牌拓东甜酱油”。现昆明拓东酱油调味食品有限公司的昆湖牌拓东甜酱油年产量 1500 多吨，除供应云南省内市场外，还销往北京、天津、上海、西安、成都等 30 多个省市。2002 年，昆湖牌拓东甜酱油被国家质量监督检验检疫总局授予免检产品证书……2014 年 2 月被认定为“中国驰名商标”。

区级非物质文化遗产 · 章白村制毡工艺

西山区团结章白村在 1949 年前曾盛行制作羊毛毡帽。这种用羊毛毡制作而成的毡帽，在马街很受欢迎，被人们称为“马街毡帽”。

当地对制毡工艺的来源流行这样一个传说：鲁班以前是帮人放羊的。雨季到来时，羊被雨淋湿了，羊毛粘在了一起，紧贴在羊身上，致使羊行动困难。鲁班就用剪刀从羊身上把粘得像饼一样的羊毛剪下来。结果他发现，羊毛越击打越结实，而质地却越来越柔软，用手很难撕开它。于是，鲁班就采用这种方法将羊毛擀制成毡子，既能当被子取暖，又能遮风避雨。此后，这种羊毛制毡工艺流传到了章白村，村民就用这种工艺做成毡帽。

章白村擀毡制帽的技艺，传子不传女。制作的羊毡帽有两种：一种是无帽檐的“马街毡帽”，另一种是将边缘卷起约 10

❶ 拓东甜酱油

❷ 用羊毛擀毡子

❸ 毡帽

厘米，镶上宽窄不同的两条黑缎，称为“镶边大毡帽”，多为年逾花甲的老人使用。章白村制作的毡帽深受当年滇西马帮的喜爱，在滇东北、缅甸、泰国等周边国家和地区十分流行。

节庆活动

省级非物质文化遗产·三月三耍西山

“三月三”是中华民族古老的传统节日。原为“上巳节”，此时正当春回大地，万物更新。早在春秋时期，人们就在此时聚集于郊野江流，沐浴去污，消灾迎春。此后逐成民间盛行的祈福祭祀和郊外春游的“三月三”民俗活动，沿袭至今。

昆明西山苍翠的森林植被和登高望远的秀丽景色，成为昆明人演绎沿袭“三月三” 祈福祭祀和郊外春游踏青的首选去处，至今已有700余年的历史。明代文学家杨升庵曾在《滇南月节词》中写道：“三月滇中游赏竞，牡丹芍药晨妆靓，太华华亭芳草径，花饾饤，罗天锦地歌声应。”

随着时代的发展，特别是新中国成立后，人们在沿袭传统的同时又不断赋予了传统新的内涵。每逢农历三月三日，十多万各族群众便扶老携幼汇集西山，在西山秀丽景色欢度这一盛大的传统节日。通过民乐演奏、民族歌舞表演、唱山歌、舞龙灯、踩高跷、唱花灯、唱滇戏、对调子、品尝美味小吃等丰富多彩的活动，尽情享受美好生活情趣和展示争奇斗艳的民族民间艺术，形成独具特色的“三月三耍西山”，融民间各民族群众自唱自演、自娱自乐为主要形式的民俗文化现象。

❶三月三耍西山
❷火把节

区级非物质文化遗产·团结火把节

农历六月二十四、二十五分别是彝族、白族的传统火把节，两个民族的火把节都有着悠久的历史和许多动人的传说。

西山区团结的彝族、白族在传统火把节的过法上略有不同。

农历六月二十四是彝族的火把节，在这一天，彝族群众会在自家田间地头杀鸡祭祀，祈求五谷丰登，在牛厩门前插青松枝，烧香祭酒，祈求六畜兴旺。晚上，人们手持火把到田间游行，驱虫除害。家庭主妇敲打簸箕，口念驱邪除魔的咒语，从楼上到楼下逐间敲遍，并将端午节给小孩戴在手上的五色线、菱角等剪下，用香火和浆水饭送出门外烧掉，以求清吉平安。男孩手持灯笼火把挨户门前高声叫喊“但愿谷穗长像公鸡尾，荞子长像黑瓜藤；有男能骑马，有女能乘轿；一蛋生双黄，一株出两穗；谷装满仓，畜放满山”。

农历六月二十五是白族的火把节，白族群众在饭前杀鸡祭祀，天黑后点燃火把，带好一包松香，再把端午节戴的五色线剪下来塞入火把烧掉。在家堂祖先牌位前撒一把松香，接着敬撒老人，又按班辈年龄大小各撒一把，意为驱邪除魔，求清吉平安。再到牲畜厩门口、田间地头撒一把，祈求六畜兴旺，五谷丰登。男男女女老老小小，各持火把，见人就撒，互相敬撒，整村似火龙盘旋，明亮如昼。一连三个晚上，居民们与来自四方的数万宾客一起围着篝火，伴着节奏鲜明的民族旋律，踏着欢快的舞步狂欢到深夜。

近年来，团结街道办事处把彝族、白族火把节合二为一，时间从每年农历六月二十四至二十六，形成独具特色的“团结火把节”。火把节从内容、形式上也越来越丰富，有斗牛、摔跤、射弩、赛羊、赛猪等比赛；有唱山歌对调子及大型文艺演出；晚上的篝火晚会更是把节日的气氛推向了高潮。

区级非物质文化遗产·团结苗族花山节

每年的正月是苗族的传统“花山节”，又称端阳节。“花山节”据说是古时候苗族祖先定下的“战败纪念日”。团结地区武松包苗族村寨的“花山节”每年必办，从未断过。每逢节日到来，周边的苗族群众都会穿上节日盛装，自带午餐，从散居的苗族村寨翻山越岭、云集花场，吹笙歌舞，热闹异常。随着时代的发展，节日活动内容的不断拓展，增加了诸如拔河、爬杆、射弩等体育活动及斗牛和文艺表演等，使团结武松包的苗族“花山节”在沿袭远久传统的同时更具特色。

区级非物质文化遗产·舞龙

大约从清代起，舞龙就成为民间重大节庆活动的主要内容和农村闹春拜年的主要形式，盛行至今。西山区各街道、驻区大厂矿均有自己的龙灯队，较有影响力的如碧鸡街道百草村的龙灯队和海口街道的百人龙狮队。每逢喜庆节日，这些翻飞的金龙就会给群众带去吉祥、快乐和欢笑的喜庆氛围。

特别值得一提的是自创套路和动作的百草村龙灯队，由本村老人孙静组建于民国年间。原为村民祭拜天神、祈求风调雨顺、五谷丰登的祭祀队伍。1950 年，孙静后人孙铸带领龙灯队为迎接由陈庚、宋任穷解放大军进昆明城进行了欢迎表演，成为迎接昆明解放庆功大会上唯一的民间龙灯表演队，在见证历史时刻的同时，为昆明的解放增添了欢乐喜庆的氛围。

注：本节资料采编自昆明市西山区文化旅游体育局、昆明市西山区非物质文化遗产保护中心编著、赵海林主编《昆明西山区非物质文化遗产》。

❶ 苗族花山节

❷ 舞龙

文化创意产业园区范例
蓬勃发展的文创集群

近年来，西山区高度重视文化创意产业的建设与发展，并取得骄人的成绩。文化产业增加值年递增 10% 以上，逐步成为西山区经济发展新的增长点和支柱产业，并获“云南省文化产业先进县（市、区）”表彰。

云纺文创园

云纺文化创意产业园是由传统批发零售业向文化创意商业转型升级的城市核心区主题型文化创意产业项目。园区总建筑面积 20 万平方米，以文化为核心，以产业为载体，融合音乐、美术、爱情、科技、阅读、历史六大文创主题，集文化消费、时尚购物、休闲娱乐、旅游观光于一体的文化创意主题商业中心，昆明城市核心区的美好生活目的地。

云隐西山国际艺术交流中心

云南省级文化创意与相关产业融合发展示范基地，位于昆明西郊素有“滇中第一佳境”之誉的西山森林公园内，由云南艾维投资集团有限公司投资开发，建筑面积为 20086 平方米，由旧时的太华山庄改造而成。在保留了原建筑古朴典雅风格的基础上，结合了当

❶ 云隐西山国际艺术交流中心美术馆航拍图

❷ 云隐西山国际艺术交流中心

代空间的功能设计，让整体建筑呈现出独特的美学品格。是集学术、展览、创作、教学、论坛、期刊、拍卖、餐饮服务、酒店服务九个功能全方位发展的文化旅游集群。中心设有艾维美术馆、艺术家工作室、古琴馆、学术报告厅、艺教中心、宣西餐画廊、素隐中餐、云游艺术品商店等配套设施。

云南碧鸡文化艺术交流中心

坐落于昆明市西山区碧鸡关，面积 8000 平方米，有接近 90 个的独立工作室，并配备有洽谈室、会议室等配套服务设

施。入驻艺术家近150人，涵盖油画、国画、国学、艺术培训、书法、水彩、水粉、雕塑、摄影、茶艺、陶瓷、手工艺品、戏剧、影像制作、音乐、舞蹈等各种艺术形式的文化业态，定期举办相关文化创意、艺术交流活动。

云安会都文创园

云南省级文化创意产业园区占地面积250亩，建有云安喜宴文化宫、云安会堂、国际会展中心各一座，拥有各种文化设施36

云安会堂

❶❷ 昆明融创文化旅游城

间，面积约 12.6 万平方米，可同时接待 6000 人开会用餐，2000 多人住宿，是昆明市目前规模最大、环境优美、设施配套齐全的园林式会议会展园区，集会议会展、喜宴、休闲、房餐为一体，是云南省的会议之都、喜宴之都，休闲温泉文化之都。

昆明融创文化旅游城

位于昆明主城西部草海片区，规划面积约 3424.51 亩，总投资约 350 亿元，同时规划配建约 2000 亩湿地公园，是集三大世界乐园（娱雪乐园、海洋乐园、飞行影院）、旅游小镇、星级酒店群、觉海寺文化广场以及医院、中小幼教育配套、国际湖滨生态住宅区七大创新业态于一体的文旅项目，其区位优势明显，是全国少有的主城区文旅城。

南亚 N.E.W MALL

云南省级文化创意与相关产业融合发展示范基地，位于滇池路南亚风情·第壹城项目内，总建筑面积 38.974 ㎡。项目精准定位“80 后”“90 后”特有消费群体，本着“别无我有，别有我新”的理念打造“新派生活娱乐购物中心”，采用独特主题场景化设计，引入城市新兴互动娱乐业态，创新实践“体验式”商业模式，力求将 MALL 文化产业项目做出“特色”和“新意”，带给昆明市民不同的生活体验，引领新的生活方式。

乐居民族文化园

位于团结街道办事处龙潭社区，占地 58 亩。以 600 年历史的乐居古村落为依托，挖掘乐居白族、彝族团结和谐一家亲的民族文化内涵。该项目通过实施一家亲、一灵地、一名帝、一栋院、一台戏、一桌饭、一壶酒、一场馆、一片林、一园菜、一组井、一盆景等“十二个一”工程，打造新型的“文化 +”产业示范点，实现文旅、产业、宜居三位一体的文化服务体系。

❶ 南亚 N.E.W MALL
❷ 乐居民族文化园

金马坊历史文化街区

坐落于昆明市中心，交通便利，地理位置优越，占地面积

50 亩，是昆明历史上传统的商业繁华区域。依托“金马碧鸡坊”文物古迹的独特优势，紧紧抓住历史文化、观光旅游、休闲娱乐等主题融合，打造了集消费、休闲、文化、运营、体验、服务、参与、共赢为一体的传统文化与现代商业气息相结合的文化街区。

大团结民族文化艺术园

位于团结街道龙潭社区，占地面积约 22 亩，文化业态有陶艺、墨汁生产、斑铜、雕塑、古琴制作、沙画、国画、摄影摄像、影视制作等十多种，主要开展民族文化创意产业加工生产、文化深度体验教育、培训、交流、展览展示等。通过入驻艺术家的理解扩展、创意设计，把一个荒废了的厂房打造成了昆明乃至云南的独一无二的特色文化创意园区。

春雨 937 工业遗产文化街区

位于西山区春雨路（原滇缅公路）中段，占地面积约 1.2 万平方米，由老工业基地——原昆明冶炼厂升级改造而成。以工业遗产文化为主题，打造具有云南工业历史、民族特色、创意科技、休闲娱乐、康体文化、幸福产业为一体的多功能、复合型的时尚文化主题街区，是西山区首个以工业遗产为主题的文创街区。

❶ 金马坊历史文化街区

❷ 春雨 937 工业遗产文化街区

后记：文耀西山

——前进中的西山区文化创意产业

文化是民族的血脉与灵魂，是人民的精神家园。文化自信是更基本、更深层、更持久的力量，是国家发展、民族振兴、文明进步的重要支撑。当今社会，文化越来越成为经济社会发展的战略资源，成为一个国家综合国力的重要组成部分。一个国家和民族强大与否，既取决于经济实力，也取决于文化实力。

对一个地区，一个城市而言，也是如此。文化也是城市的生命和灵魂，是城市的内核、实力和形象，一个有文化的城市才能展现自身独特的魅力，让人们从不同的角度把握这座城市的生命，让人们对这座城市留下深刻的记忆。

习近平总书记说：“推进国家治理体系和治理能力现代化，要大力培育和弘扬社会主义核心价值体系和核心价值观，加快构建充分反映中国特色、民族特性、时代特征的价值体系。坚守我们的价值体系，坚守我们的核心价值观，必须发挥文化的作用。”

新中国成立后，特别是改革开放以来，西山区的文化发展取得了巨大成就。近年来，西山区坚持一手抓公益性文化事业，一手抓经营性文化产业，不断提高社会主义文化的市场竞争力和国际竞争力。

公益性文化事业方面，西山区文学艺术日益繁荣，文化投入不断增加，公共文化设施和服务网络日趋完善，公共文化服务标准体系日趋完善。目前，区内有国家一级图书馆一座、国家一级文化馆一个、国家注册区属博物馆一座。同时，“我们的节日”“全民阅读”等文化惠民活动经久不衰。“三月三”民俗节日文化活动、“西山睡美人”文化艺术节、“中国梦·传承人在行动”民族民间歌舞乐展演等特色文化项目持续开展，树立了一批特有的区域性文化品牌。各级各类文物得到有效保护，全区博物馆6个，并办有一批各类纪念馆和陈列室，对推动以精神文明为核心的文化建设，树立社会主义核心价值观，提高人民素质发挥了巨大的作用。

文化创意产业是以创意为核心，以文化为灵魂，以科技为支撑，以知识产权的开发和运用为主体的知识密集型、智慧主导型战略产业。当今世界，文化与经济、政治相互交融，与科技结合日益紧密，在综合国力竞争中的地位和作用日益突出，越来越成为衡量一个国家和地区综合实力强弱的重要标准。因此，西山区高度重视文化创意产业的建设与发展，并取得骄人成绩。文化产业增加值年递增10%以上，逐步成为西山区经济发展新的增长点和支柱产业，并获“云南省文化产业先进县（市、区）”表彰。

西山区拥有丰富的自然资源与人文资源，素有滇中第一胜景的湖光山色、山魂水韵自然风光、悠久深厚的历史文化、众多的文物古迹、丰富多彩的民族民间文化和传统技艺等，为文化创意产业的发展提供了丰厚的资源，广袤的乡村土地、现代新锐的城市经济为文化创意产业的发展提供了壮阔的发展空间和选择，高速优质的经济社会发展为文化创意产业提供了坚实的基础。西山区委、区政府坚定贯彻执行中央和省、市相关方针政策，实施文化引领发展战略，结合本区制定的一系列政策措施，为文化创意产业的健康有序发展提供了保障。

西山区旅游与文化创意产业融合的模式，文化创意产业与旅游业的融合主要体现在横向与纵向两个方面。

一是以自身优越的旅游资源为依托，从纵向融合角度推动文化创意产业与旅游产品设计、文化旅游发展和旅游业态提升。在旅游产业的吃、住、行、游、购、娱等不同生产消费环节，加深文化内涵，使创意性渗透进入整个旅游产业的各个环节并使之拥有更多的附加值。例如，智慧旅游的推广就是将科技、文化、创意融入整个旅游行业中，带来全新体验方式的旅游新形态。

二是从横向上延长，通过两个产业中具有互补性的元素逐渐融合，进行与文化相关的生产、制造、销售等活动，形成新的业态，如一些文化创意街区、文化创意孵化园、工艺美术品文化创意基地、动漫园区以及影视基地等。

西山区文化创意产业起步于改革开放初期，经历了从无到有，从小到大，从零散生产销售到集中化、规模化、基地化产业生产经营，取得了长足的进步。

按照“打造更具活力的区域性国际中心城市中枢门户区”的发展目标，着力实施以九大文化创意产业园区、示范基地，九大公共文化设施建设项目，九大文化旅游体育（节庆）活动品牌，九大特色文化街区、公园，九大康体休闲项目和九大传统、特色村落（社区）为代表的6类54个项目工程。依据“融合、创新、提升”的发展要求和“创新、协调、绿色、开放、共享”的发展理念，致力于变资源优势为产业优势，变文化优势为文创优势，坚持促进西山区文化创意与相关产业的融合，推动文化创意产业的高端化、集聚化、产业化及特色化发展。重点打造文创知名品牌，大力推进文创产业园区建设，努力把西山建设成为“文化—文创—文产”聚集发展的文化创意产业高地。呈现出文化产业规模日趋壮大、园区建设全面推进、空间布局日趋合理、文化产业项目“大、强、优、活、亮”的新面貌，成为西山区经济社会发展的一大亮点。

自2016年起，西山区文化创意产业增加值一直持续保持两位数增长，2018年文化产业增加值47.24亿元，同比增长20%，2017年完成文化产业增加值39.34亿元，占GDP的比重分别为7%，增幅高于同期GDP增速，文化产业增加值总量位居全省各县（市、区）第三位。截至2019年底，西山区文化企业数量2100余家，规模以上的文化企业45家。西山区现有省、市、区级文创园区、融合示范基地9个。其中，省级文创园区1个，为昆明云安会都；省级文创融合示范基地2个，分别为昆明南亚风情N.E.W-MALL、昆明云隐西山国际艺术交流中心；市级文创园区1个，为新闻路图书批发市场；区级文创园区2个，分别为彩云里文创园、云纺图书及阅读文创园；区级产业融合示范基地3家，分别是1911文创主题空间、大团结文创园、烟雨影视传媒基地。2018年6月，在全省省级文创园区（基地）审核认定工作中，昆明云安会都、昆明南亚风情N.E.W-MALL、昆明云隐西山国际艺术交流中心荣获省级优秀文创园区（基地）称号。

《文化昆明·西山》编委会